T&D

Uma abordagem organizacional, por gerenciamento de projetos

T & D

Uma abordagem organizacional, por gerenciamento de projetos

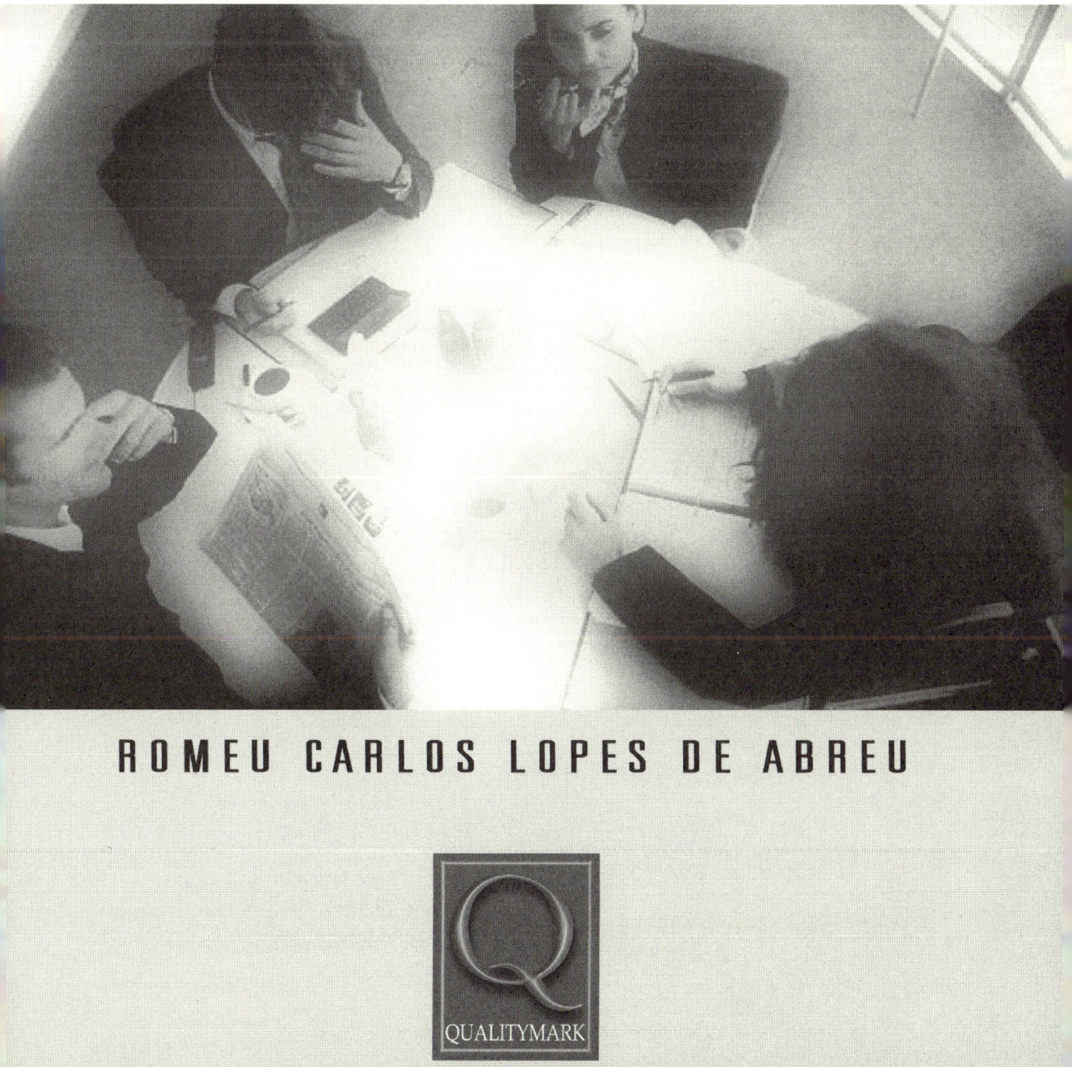

ROMEU CARLOS LOPES DE ABREU

Copyright© 2006 by Romeu Carlos Lopes de Abreu

Todos os direitos desta edição reservados à Qualitymark Editora Ltda.
É proibida a duplicação ou reprodução deste volume, ou parte do mesmo,
sob qualquer meio, sem autorização expressa da Editora.

Direção Editorial
SAIDUL RAHMAN MAHOMED
editor@qualitymark.com.br

Produção Editorial
EQUIPE QUALITYMARK

Capa
WILSON COTRIM

Editoração Eletrônica
MS EDITORAÇÃO

CIP-Brasil. Catalogação-na-fonte
Sindicato Nacional dos Editores de Livro, RJ

A146t
    Abreu, Romeu Carlos Lopes de, 1942-

        T&D, Treinamento e desenvolvimento de recursos humanos : uma abordagem organizacional, por gerenciamento de projetos / Romeu Carlos Lopes de Abreu. – Rio de Janeiro : Qualitymark, 2006
        208p.

        Anexos
        Inclui bibliografia e glossário
        ISBN 85-7303-644-3

        1. Administração de pessoal. 2. Recursos humanos. 3. Desenvolvimento organizacional.
    I. Título. II. Título: Treinamento e desenvolvimento de recursos humanos.

06-1929
                                                                                                                        CDD 658.3
                                                                                                                        CDU 658.3

2006
IMPRESSO NO BRASIL

Qualitymark Editora Ltda.
Rua Teixeira Júnior, 441
São Cristóvão
20921-405 – Rio de Janeiro – RJ
Tel.: (0XX21) 3094-8400

Fax: (0XX21) 3094-8424
www.qualitymark.com.br
E-mail: quality@qualitymark.com.br
QualityPhone: 0800-263311

Dedicatória

Ao Supremo Criador de todas as coisas,
que me fortalece para poder fazer tudo
em Seu nome, inclusive colocar no papel
tudo o que Ele me permite aprender nesta
vida.

A José Lopes de Abreu,
meu pai (*in memoriam*),
cuja determinação, retidão, dignidade e
decência pautam meus princípios de vida,
atributos e características pessoais e
profissionais.

À Márcia, minha esposa,
educadora por amor, cujas compreensão,
paciência, tolerância e incentivos povoaram as horas que lhe tirei para concluir
este trabalho.

Dedico este livro.

Agradecimentos

Em depoimento que prestei por ocasião das comemorações dos 50 anos da atividade de treinamento e desenvolvimento T&D da PETROBRAS, pude afirmar que ingressei naquela atividade quando ainda trabalhava na Assistência de Planejamento no antigo Conjunto Petroquímico Presidente Vargas – FABOR, atualmente PETROFLEX, sem qualquer vínculo ou experiência com o magistério.

Ingressei para atender a um convite do então Chefe do Setor de Caldeiraria e Tubulação, que desejava ampliar as competências dos colaboradores daquele Setor em habilidades de lidar com números e com a leitura e interpretação de desenhos técnicos, que os tornassem melhores profissionais e com mais perspectivas de crescimento em suas carreiras.

Com sua visão de futuro e espírito de ajudar aos seus semelhantes, aquele gerente precisava compartilhar com alguém essa experiência, fora do horário de trabalho e sem qualquer remuneração, emprestando sua colaboração para ajudar àqueles trabalhadores simples, humildes e desejosos de aprender.

Aceitei o convite, ingressei na atividade, por ela me encantei e dela não mais saí.

Sou eternamente agradecido pela porta que me abriu, permitindo meu ingresso na atividade de treinamento e desenvolvimento, onde até hoje estou aprendendo com professores, coordenadores, alunos, pessoal de apoio administrativo e todos os demais que militam na atividade.

Romeu Carlos Lopes de Abreu

Apresentação

As atividades de treinamento – assim entendidas as diversas formas de transmissão de conhecimentos em uma organização – têm experimentado especial ênfase nos programas corporativos, aqueles com realização reservada a grupos exclusivos de seus colaboradores.

Caracterizam-se, dessa forma, situações em que cabe à área de Recursos Humanos, em articulação com as áreas clientes internas, a responsabilidade por um trabalho planejado, compreendendo objetivos definidos, conteúdos ajustados, administração de recursos financeiros, definição de indicadores de resultados – elementos estes que constituem as principais características de um projeto de treinamento.

Assim formulado, é necessário que, para o sucesso de projetos dessa natureza, a área de RH conte com profissionais com moderna visão do processo de treinamento e familiarizados com as características de seus projetos que, por sua especificidade e diversidade de campos de aplicação, demandam competência técnica e visão sistêmica do processo, assim entendidas as etapas que constituem o ciclo de T&D – do levantamento de necessidades à avaliação dos resultados.

É neste contexto que Romeu Carlos Lopes de Abreu apresenta este estudo, trazendo importantes contribuições àqueles que em suas organizações lidam com projetos dessa natureza. Desde os conceitos de projeto e de processo ao detalhado estudo sobre as diversas formas de avaliação, o texto flui com especial cuidado, alicerçado em conhecimentos multidisciplinares do autor, ao longo de sua sólida carreira prática e de estudos. Aduz ele alguns aspectos de originalidade ao texto, com destaque para o conceito do "Ciclo da Qualidade" aplicado ao processo de treinamento, em busca de seu permanente aperfeiçoamento.

A par das diversas obras que tratam sobre o tema, traz esta uma nova dinâmica que simplifica o entendimento da matéria, na medida em que associa ao tratamento das etapas do processo de T&D os instrumentos para o desenvolvimento de um projeto, método este que facilita o entendimento do processo e estimula a elaboração do projeto, tornando agradável e produtiva a aquisição do conhecimento.

Nessa linha, e por considerar que esta é uma obra de cunho didático, certamente será ainda mais estimulante e de melhor aproveitamento se o leitor fizer acompanhar sua leitura de um estudo de caso – individualmente ou em grupo –, tratando de um projeto voltado à sua realidade de trabalho.

Este livro terá cumprido a missão de seu autor na medida em que proporcionar um seguro instrumental a ser aplicado no trabalho dos profissionais que viabilizam o desenvolvimento das pessoas em suas organizações, o que, certamente, ocorrerá.

Pedro Buarque Franco Netto
Diretor do IDEMP – Instituto de Desenvolvimento Empresarial

Prefácio

Li com muita atenção este livro do Romeu Carlos, pessoa a qual aprendi a admirar pela sua competência, profissionalismo e o seu jeito vocacional de professor, que muito tem ensinado a todos que tiveram o privilégio de trabalhar com ele.

Pude ter o prazer de estar com o Romeu em muitas experiências profissionais bastante interessantes, como usufruir como gestora de sua consultoria em treinamentos e programas para a qualidade e, juntos, fizemos o curso de mestrado da FGV – Fundação Getulio Vargas do Rio de Janeiro.

Ao ler o livro *T&D – Treinamento e Desenvolvimento de Recursos Humanos* vi nele o registro dos anos de experiência deste autor voltada para processos, metodologias e uma grande capacidade de transmitir aos leitores a importância de um modelo de gestão conectado com um bom planejamento e acompanhamento do desempenho.

Observamos este lado inato do Romeu Carlos de transmitir que a Gestão de Pessoas obterá sucesso permanente quando voltada para o cuidado e o zelo com os processos internos, de modo que os resultados possam ser mensurados e se tornarem o realimento de toda a cadeia produtiva.

Ao inferir em resultados, os gestores, como tão bem explicita este livro, necessitam ter os seus objetivos e as ações bem formulados, de modo que toda a organização receba as informações de maneira clara e límpida.

Com o esmero de um competente professor, o livro preocupa-se em sintetizar o que os leitores receberão em cada capítulo, como se estabelecesse um plano de aula com o firme propósito de transmitir o conteúdo e reter o compromisso do "aluno".

A avaliação e o monitoramento dos resultados auferidos foi outro ponto bastante interessante no livro, chamando a atenção aos profissionais que, como diz a bíblia, "a fé sem obras é inútil", ter um belo planejamento e não acompanhar os seus resultados, não estabelecendo ações de correção ao longo do percurso, é comprometer todo um modelo de gestão.

Os programas de qualidade que tanto propiciaram às empresas a conquista da ISO também foram contemplados pelo autor que, como profissional de larga experiência neste campo, possibilitou aos leitores o acesso a um conteúdo que aliou a teoria proveniente de seus vários estudos, com a sua prática exercida não só na Petrobras, mas nas aplicações de suas consultorias em grandes empresas de nosso País.

Nessa preocupação com o treinamento e desenvolvimento, que é a outra grande competência do Romeu Carlos, constatamos no livro o quanto as empresas urgem por profissionais de recursos humanos que propiciem a melhor qualificação e capacitação dos talentos de suas organizações. Os profissionais poderão fazer deste livro o seu "manual" de gestão, com a segurança de ensinamentos que valerão por toda a sua trajetória de carreira.

Atrelado ao tema de treinamento e à necessidade de qualificação dos profissionais o livro faz um aprofundamento no tema "universidades corporativas" que são recursos da educação aplicados nos ambientes de aprendizagem organizacionais. As universidades corporativas vieram para preencher lacunas não somente no aumento de escolaridade dos profissionais, bem como atender áreas específicas que possuem carência de profissionais preparados para os desafios de um mundo globalizado. O autor ressalta a importância das universidades corporativas no momento atual das grandes organizações que lutam para ganhar longevidade através do ganho de competitividade.

Gostaria de terminar o meu prefácio, manifestando em primeiro lugar a minha alegria e honra de poder estar participando desta obra cujo autor faz parte da galeria dos meus seletos amigos. Travo com o

Romeu Carlos um misto de colega da área e uma eterna aluna que está sempre usufruindo dos seus ensinamentos.

Nos nossos momentos de mestrado, o Romeu Carlos em nossos difíceis momentos de executivos comprometidos com resultados e assoberbados de atividades e viagens, conciliando tudo isto com uma presença maciça às aulas, tinham neste amigo a presença constante de disponibilizar o seu conteúdo apreendido em sala de aula, bem como os seus ensinamentos de professor. Eu, privilegiada, ainda tinha sempre o meu lugar na sala de aula guardado pelo Romeu para quando eu chegasse.

São estas pequenas coisas, provenientes de grandes seres humanos, como o Romeu Carlos, que nos fazem acreditar que a vida é um belo percurso quando possuímos pessoas ao nosso lado que estão sempre dispostas a estender a mão. É claro que tudo isto está assegurado por uma grande fé em Deus que o autor sempre faz questão de transmitir.

Boa leitura!

Leyla Nascimento
Presidente da Associação Brasileira de Recursos Humanos do Rio de Janeiro

Sumário

Capítulo 1: **Projetos** 1
   1. Fundamentos 3
      1.1. Características de um Projeto 4
      1.2. Ciclo de Vida de um Projeto 4
   2. Trabalhando por Projetos 6
   3. Gerenciamento de Projetos 6
   4. Gerenciamento de Projetos segundo o *Project
      Management Institute* – PMI 7

Capítulo 2: **Treinamento e Desenvolvimento de Recursos
      Humanos – T&D** 13
   1. Fundamentos 15
   2. Administração de Recursos Humanos 18
   3. Treinamento e Desenvolvimento de Recursos
      Humanos – T&D 18
      3.1. Importância da Atividade 20
      3.2. Resultados do T&D 21
   4. Papéis e Funções dos Profissionais de T&D 25
   5. Análise Organizacional do T&D 25
   6. Projeto de T&D conforme o PMI 28

Capítulo 3: **Projetos de Treinamento e Desenvolvimento de
      Recursos Humanos – T&D** 31
   1. Fundamentos 33
   2. Conceitos Básicos 34

3. Componentes de um Projeto de T&D 34
4. Processo de Estruturação de um Projeto de T&D 35

Capítulo 4: **Componentes de um Projeto de T&D** 37
   1. Fundamentos 41
   2. Composição das Fases 41
   3. Identificação de Necessidades 43
      3.1. Fundamentos 43
      3.2. Tipos de Necessidades 44
      3.3. Processo de Identificação de Necessidades 45
      3.4. Instrumentos para Identificação das Necessidades 48
   4. Estabelecimento de Objetivos 49
      4.1. Fundamentos 49
      4.2. Objetivos Gerais 50
      4.3. Objetivos Específicos 50
      4.4. Estabelecimento e Redação de Objetivos 52
      4.5. Transformando Objetivos em Ações de T&D 55
   5. Planejamento e Programação 56
      5.1. Fundamentos 56
      5.2. Estruturação do Conteúdo Programático 58
      5.3. Estabelecimento da Metodologia 61
      5.4. Estruturação da Equipe 78
      5.5. Dimensionamento da Carga Horária 82
      5.6. Orçamentação e Custeio 83
      5.7. Atributos e Indicadores para Avaliação 86

Capítulo 5: **Execução de Projetos de T&D** 97
   1. Fundamentos 99
   2. Importância da Logística 100
   3. Aprimoramento de Processos e de Resultados 103

Capítulo 6: **Avaliação de Processos e de Resultados de Projetos de T&D** 105
   1. Fundamentos 107

 2. Tipos de Avaliação 110
  2.1. Avaliação de Processos 110
  2.2. Avaliação de Resultados 110
  2.3. Avaliação de Estruturas 110
  2.4. Avaliação de Custos 110
  2.5. Avaliação de Retorno do Investimento 110
 3. O Processo de Avaliação 111
 4. Técnicas e Instrumentos de Avaliação 112
 5. Avaliação de Processos. 113
 6. Avaliação de Resultados 113
 7. Aplicabilidade dos Resultados 117

Capítulo 7: **Universidades Corporativas** 119
 1. Fundamentos 121
 2. As Primeiras Experiências 122
 3. Conceitos Básicos 123
 4. Objetivos das Universidades Corporativas 125
 5. Vantagens das Universidades Corporativas 127
 6. Importância das Universidades Corporativas 128
 7. Estrutura Organizacional 129
 8. Metodologia de Atuação 130
 9. Equipe de Profissionais 131
 10. Quando Optar pela Universidade Corporativa 131
 11. Princípios Básicos para a Implantação 132
 12. Princípios Básicos para o Funcionamento 133
 13. Causas dos Insucessos 135
 14. Visão de Futuro 135

Capítulo 8: **Retorno do Investimento em Projetos de T&D** 137
 1. Fundamentos 139
 2. Metodologia de Cálculo 142
 3. Aplicabilidade dos Resultados 144

Anexos

Anexo I:
Projeto de Treinamento e de Desenvolvimento
de Recursos Humanos – T&D 145

Anexo II:
Previsão Orçamentária e Taxa de Inscrição no Evento 157

Anexo III:
Cronograma de Realização 163

Anexo IV:
Lista de Atividades para Organização de Eventos 169

Anexo V:
Relatório Final 175

Referências Bibliográficas 183

Projetos

— Vamos procurar um tesouro naquela casa?
— Mas não há nenhuma casa...
— Então vamos construí-la!

Groucho Marx
Um diálogo infantil

SUMÁRIO DO CAPÍTULO:
1. Fundamentos
2. Trabalhando por Projetos
3. Gerenciamento de Projetos
4. Gerenciamento de Projetos Segundo o *Project Management Institute* – PMI

OBJETIVOS DE APRENDIZAGEM: Depois de estudar este capítulo, você deverá estar apto a:

1. *Conceituar projeto.*
2. *Enumerar algumas vantagens de trabalhar por projeto.*
3. *Discorrer sobre o gerenciamento de projeto.*
4. *Identificar as características de um projeto.*
5. *Discorrer sobre o Ciclo de Vida de um projeto.*
6. *Identificar os principais stakeholders de um projeto.*
7. *Discorrer sobre as habilidades de um gerente de projeto.*
8. *Discorrer sobre as Áreas de Conhecimento do gerenciamento de um projeto.*
9. *Discorrer sobre gerenciamento de projeto conforme o PMI.*

1. Fundamentos

Inúmeros são os conceitos a respeito de projetos, mas os seus autores não divergem muito, havendo uma linha comum de pensamento entre os mesmos.

Para Possi (2004), "projeto é a forma organizada de se conduzir atividades que compõem o trabalho do dia-a-dia. É um conjunto de atividades que coloca do início ao fim uma série de mudanças em prática de operação" (Marcus Possi – *Capacitação em Gerenciamento de Projetos*, 2004).

Para Maximiano (1997, 20), "projeto é um empreendimento finito, que tem objetivos claramente definidos em função de um problema, oportunidade ou interesse de uma pessoa ou organização" (Antônio César Amaru Maximiano – *Administração de Projetos*, 1997).

Já para Thiry-Cherques (2002), "projeto é uma organização transitória que compreende uma seqüência de atividades dirigidas à geração de um produto ou serviço singular em um tempo dado" (Hermano Roberto Thiry-Cherques – *Modelagem de Projetos*, 2002).

Para Nogueira (2002), "projeto é um empreendimento não repetitivo, que se caracteriza por uma lógica e clara seqüência de eventos, com início e fim, que se destina a atingir um objetivo claro, definido e único, conduzido por pessoas dentro de parâmetros predeterminados de custo, tempo, qualidade e recursos envolvidos" (Alexandre Nogueira – *Capacitação em Gerenciamento de Projetos*, 2004).

Segundo Moyses Jacob Lilenbaum (1966 e 1972), projeto

> *"deve ser encarado como um conjunto de ações e recursos que procura a realização de um objetivo específico e concreto, fisicamente identificado, a partir de um início (origem) convencionado, submetido a diretrizes gerais prefixadas e condições de execução que apresentem limitações sensíveis".*

Ao analisarmos o conceito de Maximiano, constatamos que as organizações vivem em função de projetos e precisam dispor de uma estrutura de apoio destinada a sustentar e a subsidiar as ações daqueles que se incumbem de conduzi-los.

Assim, projeto é a formalização documental de uma combinação feita entre diversas partes para a estruturação de um empreendimento que tem um prazo combinado, um orçamento para cumprir, um produto ou serviço para entregar e um número de pessoas para satisfazer.

Para o Corpo de Conhecimentos de Gerenciamento de Projetos – PMBOK© 2000, "projeto é um empreendimento temporário com o objetivo de criar um produto ou serviço novo".

1.1. CARACTERÍSTICAS DE UM PROJETO

As principais características de um projeto são:

- Orientação para um objetivo.
- Envolvimento de atividades coordenadas e inter-relacionadas.
- Duração definida e finita.
- Singularidade.

1.2. CICLO DE VIDA DE UM PROJETO

Os projetos podem ser divididos em fases de desenvolvimento ou etapas de sua condução, limitações bem definidas, como se fossem territórios ou zonas de ação definidas. Ao conjunto dessas fases de desenvolvimento, dispostas cronologicamente, damos o nome de Ciclo de Vida de um Projeto, a saber:

- Iniciação ou de Concepção.
- Planejamento ou de Desenvolvimento.
- Execução.
- Controle.
- Encerramento ou de Conclusão.

As partes interessadas com um projeto, *Stakeholders*, são indivíduos ou organizações diretamente relacionadas com o mesmo. Podem ser, também, aqueles cujos interesses podem ser afetados positiva ou negativamente, no decorrer do projeto ou mesmo após a sua conclusão. Finalmente, as partes envolvidas podem, também, influenciar o projeto, seus processos e seus resultados.

Em um projeto, os principais *Stakeholders* são:

- Gerente do projeto.
- Clientes.
- Organização executora.
- Membros da equipe do projeto.
- Patrocinador.

São exemplos de projetos conhecidos ou vivenciados pela maioria das pessoas que percebem um conjunto de vantagens indiscutíveis nesta modalidade de atuação individual, de um grupo ou de uma organização:

- Construção e uma casa.
- Preparação de férias familiares.
- Renovação do currículo da escola "ABC".
- Adoção de um novo estilo de vida.
- Elaboração de pesquisa sobre as causas da enfermidade "F".
- Formação de uma família.
- Envio de um astronauta ao planeta "XYZ".

Em qualquer atividade que envolva um projeto, deve ser buscado o seu engajamento ao Planejamento Estratégico das organizações, ao compartilhamento das responsabilidades pela sua estruturação e gerenciamento, ao seu processo de identificação de necessidades, à formulação dos seus objetivos etc. Necessitam ser estruturados e gerenciados observando-se certos princípios metodológicos que lhes garantam a credibilidade e o rigor científico deles exigido, conforme vem sendo amplamente demonstrado na literatura específica de gerenciamento de projetos (Maximiano, 1997; Dismore, 2003; *Project Management Institute*, 2004; PMP – *Project Management Professional*, 2003; Thiry Cherques, 2002; Cukierman, 1993; e outros), inclusive em metodologias altamente avançadas sobre o assunto, como é o caso do PMBOK – *Project Management Body of Knowledge* e do PMP – *Project Management Profesional*.

2. Trabalhando por Projetos

À semelhança das demais atividades desenvolvidas pelas organizações, a modalidade de trabalhar por projetos vem-se apresentando como inovadora, altamente objetiva e capaz de satisfazer a todas as partes, clientes, fornecedores e demais interessados, que saem satisfeitos do processo em que se envolveram.

A modalidade de trabalhar por projetos assume nos dias atuais grande importância porque suas vantagens são evidentes. Trabalhar por projetos significa direcionar todos os esforços no sentido do cumprimento de metas e objetivos específicos relacionados a uma área, a uma atividade ou a um determinado cliente.

3. Gerenciamento de Projetos

O gerenciamento de projetos é o conjunto de atividades desenvolvidas para a sua implementação ou realização de sua missão. O gerenciamento inclui planejar, colocar em ação o plano do projeto e acompanhar o progresso, assim como tomar as providências decorrentes dos resultados do acompanhamento.

De acordo com o PMBOK©, o gerenciamento de projetos é a aplicação de conhecimentos, habilidades, ferramentas e técnicas às atividades do projeto, para atender aos requisitos do mesmo.

Dentre as vantagens de um adequado Gerenciamento de Projetos, destacam-se:

- Evitar surpresas durante a execução dos trabalhos.
- Agilizar decisões.
- Otimizar alocação de pessoas.
- Documentar e facilitar estimativas para futuros projetos.

Podemos considerar que a administração de um projeto compreende o conjunto de ações que são desenvolvidas ao longo do seu ciclo de vida, visando à garantia dos seus objetivos dentro dos parâmetros de economicidade desejados. Assim, a aplicabilidade dos projetos e da metodologia de sua estruturação e gerenciamento se enquadra perfeitamente à área de capacitação e desenvolvimento de pessoas.

Do responsável pela condução do projeto, o Gerente do Projeto, é esperado o domínio de algumas habilidades, destacando-se:

- Aptidões organizacionais.
- Comunicações.
- Elaboração de orçamentos.
- Formação de equipes.
- Habilidades administrativas.
- Habilidades técnicas.
- Influência na Organização.
- Liderança.
- Negociação e influência.
- Solução de problemas.

4. Gerenciamento de Projetos Segundo o *Project Management Institute* – PMI

O gerenciamento de projetos com base no PMI está fundamentado no conceito de um conjunto de processos interligados, que possuem nove áreas de conhecimentos específicos, que serão descritas adiante.

Cada área de conhecimento ou de gestões forma a essência da parte administrativa do gerenciamento do projeto. Dependendo das características do projeto, cada Gerente de Projeto poderá decidir pela simplificação ou eliminação de determinada fase ou até mesmo pela inserção de uma nova. Como conseqüência, diferentes projetos exijem diferentes áreas de conhecimentos, não havendo a obrigatoriedade da prática de todos os itens previstos nas nove áreas de conhecimento.

Para sua melhor compreensão e visualização, as áreas de conhecimento estão representadas na Figura 1, acompanhadas pelos seguintes conceitos:

- *Gerenciamento da Integração do Projeto:* descreve os processos necessários para assegurar que diversos elementos do projeto (áreas de conhecimento, processos, agentes e recursos) sejam adequadamente integrados e coordenados, assegurando funcionamento sintonizado.

- *Gerenciamento do Escopo do Projeto:* descreve os processos necessários para assegurar que o projeto contemple todo o trabalho requerido, e nada mais que o trabalho requerido, para completar o projeto com sucesso. Composto pela iniciação, pelo planejamento do escopo, pelo detalhamento do escopo, pela verificação do escopo e pelo controle de mudanças do escopo.

- *Gerenciamento do Tempo do Projeto:* descreve os processos necessários para assegurar que o projeto seja concluído dentro do prazo previsto. Composto pela definição das atividades, pelo seqüenciamento das atividades, pela estimativa de duração das atividades, pelo desenvolvimento do cronograma e pelo controle do cronograma.

- *Gerenciamento do Custo do Projeto:* descreve os processos necessários para assegurar que o projeto seja completado dentro do orçamento previsto. Composto pelo planejamento dos recursos, pela estimativa dos custos, pelo orçamento dos custos e pelo controle dos custos.

- *Gerenciamento da Qualidade do Projeto:* descreve os processos necessários para assegurar que as necessidades que originaram o desenvolvimento do projeto sejam satisfeitas. Composta pelo planejamento da qualidade, pela garantia da qualidade e pelo controle da qualidade.

- *Gerenciamento dos Recursos Humanos do Projeto:* descreve os processos necessários para proporcionar a melhor utilização das pessoas envolvidas no projeto. Composto pelo planejamento organizacional, pela montagem da equipe e pelo desenvolvimento da equipe.

- *Gerenciamento das Comunicações do Projeto:* descreve os processos necessários para assegurar que a geração, a captura, a distribuição, o armazenamento e a pronta apresentação das informações do projeto sejam feitos de forma adequada e no tempo certo. Composto pelo planejamento das comunicações, pela distribuição das informações, pelo relato de desempenho e pelo encerramento administrativo.

- *Gerenciamento dos Riscos do Projeto:* descreve os processos que dizem respeito à identificação, à análise e às respostas a riscos do projeto. Composto pelo planejamento do gerenciamento de risco, pela identificação dos riscos, pela análise qualitativa de riscos, pela análise quantitativa de riscos, pelo desenvolvimento das respostas aos riscos e pelo controle e monitoração de riscos.

- *Gerenciamento das Aquisições do Projeto:* descreve os processos necessários para a aquisição de mercadorias e serviços fora da organização que desenvolve o projeto. Composto pelo planejamento das aquisições, pela preparação das aquisições, pela obtenção de propostas, pela seleção de fornecedores, pela administração dos contratos e pelo encerramento do contrato.

Analisando-se o diagrama das áreas de conhecimento ou processos apresentados na Figura 1, algumas observações merecem ser registradas, destacando-se:

- Existem nove grandes áreas de conhecimentos ou de processos que devem ser dominadas pelo Gerente do Projeto e pelos integrantes da equipe.

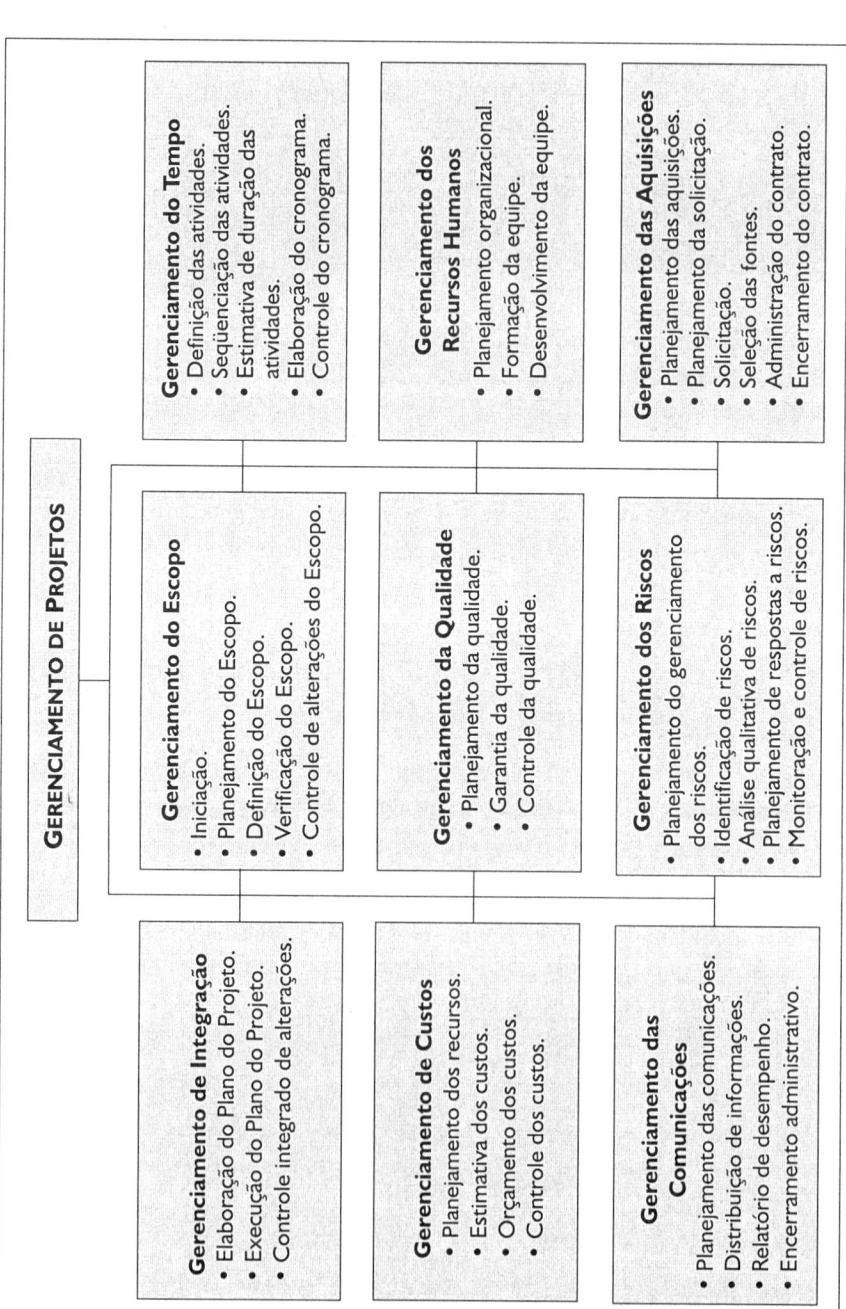

Figura I – Gerenciamento de Projetos

- Cada área de conhecimento se constitui em um processo completo, formado por insumos, operações e saídas, estas últimas representadas pelos produtos dos processos.

- Todo o sistema se constitui em uma coleção de processos, à semelhança das organizações. Na verdade, cabe registrar que um projeto tem uma estrutura organizacional para o seu gerenciamento e levá-lo a bom termo.

- Há uma interdependência entre os processos, onde os produtos de um deles são insumos para o processo seguinte.

- A integração entre as áreas de conhecimento ou processos é feita pelo Gerente do Projeto, a quem cabe a coordenação do mesmo.

- Cada processo apresentado promove a transformação dos seus insumos em produtos finais destinados à determinada clientela. Nesta transformação, cada processo se vale de técnicas e ferramentas específicas, demandadas em cada situação.

- O fato de se estar lidando com processos remete o leitor à imperiosa necessidade de estar também pensando em aprimoramento dos mesmos, sempre com o objetivo de aprimorar a qualidade dos produtos deles resultantes.

- A análise das áreas de conhecimento e dos processos a elas associados também remete o leitor a refletir nos ensinamentos contidos no PDCA de Deming, que empresta bastante ênfase ao ciclo de aprimoramento dos processos e dos resultados.

O caráter genérico e abrangente do PMI demanda dos leitores esforços de adaptação do modelo às suas realidades de trabalho, tornando-os aptos a permitir o gerenciamento de projetos de várias naturezas.

No presente caso, como o interesse deste livro está voltado para a atividade de Treinamento e Desenvolvimento de Recursos Humanos, o referido corpo de conhecimentos, assim como os seus processos correspondentes, será adaptado àquela realidade.

capítulo 2

Treinamento e Desenvolvimento de Recursos Humanos – T&D

"Ensinando estas coisas aos irmãos, serás bom ministro de Cristo Jesus, sendo alimentado com as palavras da fé e das boas doutrinas que tens seguido."

I Timóteo 4:6

SUMÁRIO DO CAPÍTULO:

1. Fundamentos
2. Administração de Recursos Humanos
3. Treinamento e Desenvolvimento de Recursos Humanos – T&D
4. Papéis e Funções dos Profissionais de T&D
5. Análise Organizacional do T&D
6. Projeto de T&D conforme o PMI

OBJETIVOS DE APRENDIZAGEM: **Depois de estudar este capítulo, você deverá estar apto a:**

1. *Conceituar Administração de Recursos Humanos – ARH.*
2. *Discorrer sobre a importância da ARH para o sucesso organizacional.*
3. *Conceituar Treinamento e Desenvolvimento de Recursos Humanos – T&D.*
4. *Discorrer sobre a importância do T&D para o sucesso organizacional.*
5. *Apontar alguns resultados organizacionais decorrentes das práticas de T&D.*
6. *Esclarecer a importância da Norma ISO 10015 no contexto das organizações.*
7. *Discorrer sobre os principais papéis e funções dos profissionais de T&D.*
8. *Destacar a importância dos clientes na atividade de T&D.*

1. Fundamentos

A capacitação, a educação e o desenvolvimento de pessoas funcionam como um dos meios para a retenção, a preservação e a atualização do capital humano das organizações, sem dúvida alguma o seu maior patrimônio.

Retenção e preservação, porque funcionam como um elemento de fixação dos seus colaboradores, conserva-os ativos, em funcionamento e atraídos pela organização que neles investe em prol do seu crescimento.

Atualização, porque garante que os mesmos estejam em dia com os avanços da tecnologia e não sejam dominados pela obsolescência profissional em uma sociedade que exige pessoas cada vez mais polivalentes, multifuncionais e detentoras de tecnologias avançadas, para que possam participar ativamente das organizações que buscam a excelência.

Em suma, ações de capacitação, educação e desenvolvimento alinhadas com as estratégias organizacionais que resultam em colaboradores ativos e satisfeitos com a organização onde atuam justificam plenamente o capital investido em sua capacitação e desenvolvimento, como se observa na Figura 2.

Figura 2 – Ações para ativar e satisfazer os recursos humanos

A capacitação, a educação e o desenvolvimento das pessoas têm o poder de fomentar o desenvolvimento das organizações, através do crescimento dos colaboradores que as integram. Isso garante equipes capazes de sustentar um crescimento ordenado e sistematizado.

Para Gubman (1999), nos próximos anos, encontrar talentos será difícil e caro em todo o mundo. A verdade é que não se pode implementar qualquer estratégia ou promover alguma mudança sem antes conseguir promover mudanças nos comportamentos das pessoas, conforme explicitado na Figura 3.

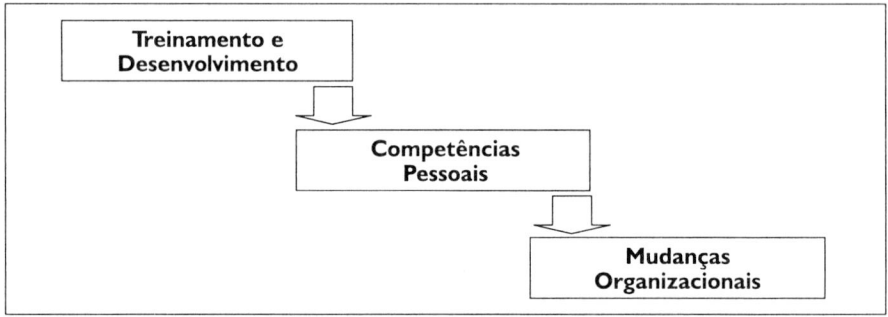

Figura 3 – Treinamento, desenvolvimento, competências pessoais e mudanças organizacionais

Qualquer melhoria que aconteça em uma organização repousa na decisão das pessoas de fazer algo de uma forma diferente e melhor, em um processo de constante aprendizagem pessoal e organizacional.

É por isso que algumas organizações se lançam no desenvolvimento de projetos comunitários e populares de capacitação de pessoas para suprir estas futuras demandas. Esse é o caso do ensino de informática nos níveis mais operacionais das empresas, dos esforços da PETROBRAS no Projeto TAMAR de educação dos pescadores para a preservação das tartarugas ou da capacitação coletiva de soldadores para que atendam às necessidades das empresas suas fornecedoras.

A capacitação e o desenvolvimento de pessoas formam o processo de ajudar o colaborador a adquirir efetividade no seu trabalho em situações presentes ou futuras, através de apropriados hábitos de pensamento, ação, habilidades, conhecimentos e atitudes desenvolvidos sistematicamente.

A definição destas exigências organizacionais próprias de cada cargo ou função é feita pelas pessoas que conceberam e projetaram a organização, podendo ela ser uma fábrica, um banco, uma igreja, um órgão público, um hospital, um sindicato, uma entidade filantrópica ou uma companhia telefônica. Registre-se que o projeto da organização e o seu Plano Estratégico devem ser revistos periodicamente para que se mantenha consentâneo com as exigências típicas de cada situação.

Uma organização bem-sucedida é, portanto, aquela que acredita e investe na capacitação e no desenvolvimento das pessoas que compõem os seus quadros tanto gerenciais quanto de execução das atividades voltadas para as necessidades das mais variadas ordens, como se representa na Figura 4.

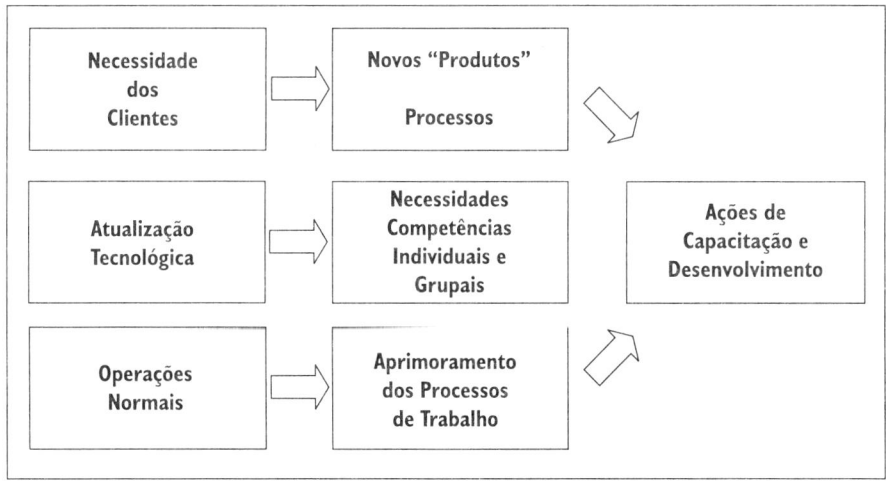

Figura 4 – Focos das ações de capacitação e de desenvolvimento

Neste contexto, precisamos buscar novas maneiras de praticar a capacitação e o desenvolvimento das pessoas, deixando de lado as formas tradicionais e que, em muitas situações, não mais se mostram com condições de entregar aos clientes os produtos e serviços que os mesmos necessitam e que, no presente caso, são pessoas capazes, desenvolvidas e em condições de executar com perfeição as suas atividades.

2. Administração de Recursos Humanos

A Administração de Recursos Humanos – ARH é a atividade que tem por missão suprir a organização com a mão-de-obra capaz de fazê-la bem-sucedida no cumprimento de sua missão organizacional. Assim, a ARH deve suprir a organização com um efetivo de pessoal em quantidade e qualidade tais que atendam àqueles requisitos.

Para o cumprimento de seus propósitos, a ARH está estruturada em um elenco de atividades ou funções que, de formas integrada e coordenada, articulam-se e mantêm permanente interação, funcionando mutuamente como clientes e fornecedores.

Em virtude da crescente complexidade que cerca as organizações, os meios em que atuam e as constantes transformações pelas quais passam os seus clientes, a atividade de Administração de Recursos Humanos tem sido submetida a uma série de demandas crescentemente variáveis e complexas. Essas demandas exigem dela mudar o seu enfoque, assumindo uma postura cada vez mais crescente e ativa em suas várias atividades e especialidades.

Na verdade, o sucesso da Administração de Recursos Humanos está diretamente relacionado com a sua capacidade de atender às demandas dos seus clientes nos menores espaços de tempo possíveis. Produtos certos, nas horas certas e a custos ótimos são elementos básicos para fazer da Administração de Recursos Humanos uma atividade respeitada no âmbito das organizações.

Uma visão abrangente da Administração de Recursos Humanos e das funções que a integram é apresentada na Figura 5.

3. Treinamento e Desenvolvimento de Recursos Humanos – T&D

Uma das principais atividades da Administração de Recursos Humanos está vinculada a suprir a organização com a mão-de-obra dotada das competências necessárias ao adequado desempenho de suas funções. Em outras palavras, está vinculada à capacidade de treinar, educar e desenvolver as pessoas para o cumprimento dos requisitos de competências de seus cargos e funções.

GERENCIAMENTO DE PROJETOS DE RECURSOS HUMANOS

- Plano estratégico da organização.
- Políticas e diretrizes da Administração de Recursos Humanos.
- Meio ambiente externo.
- Análise SWOT.

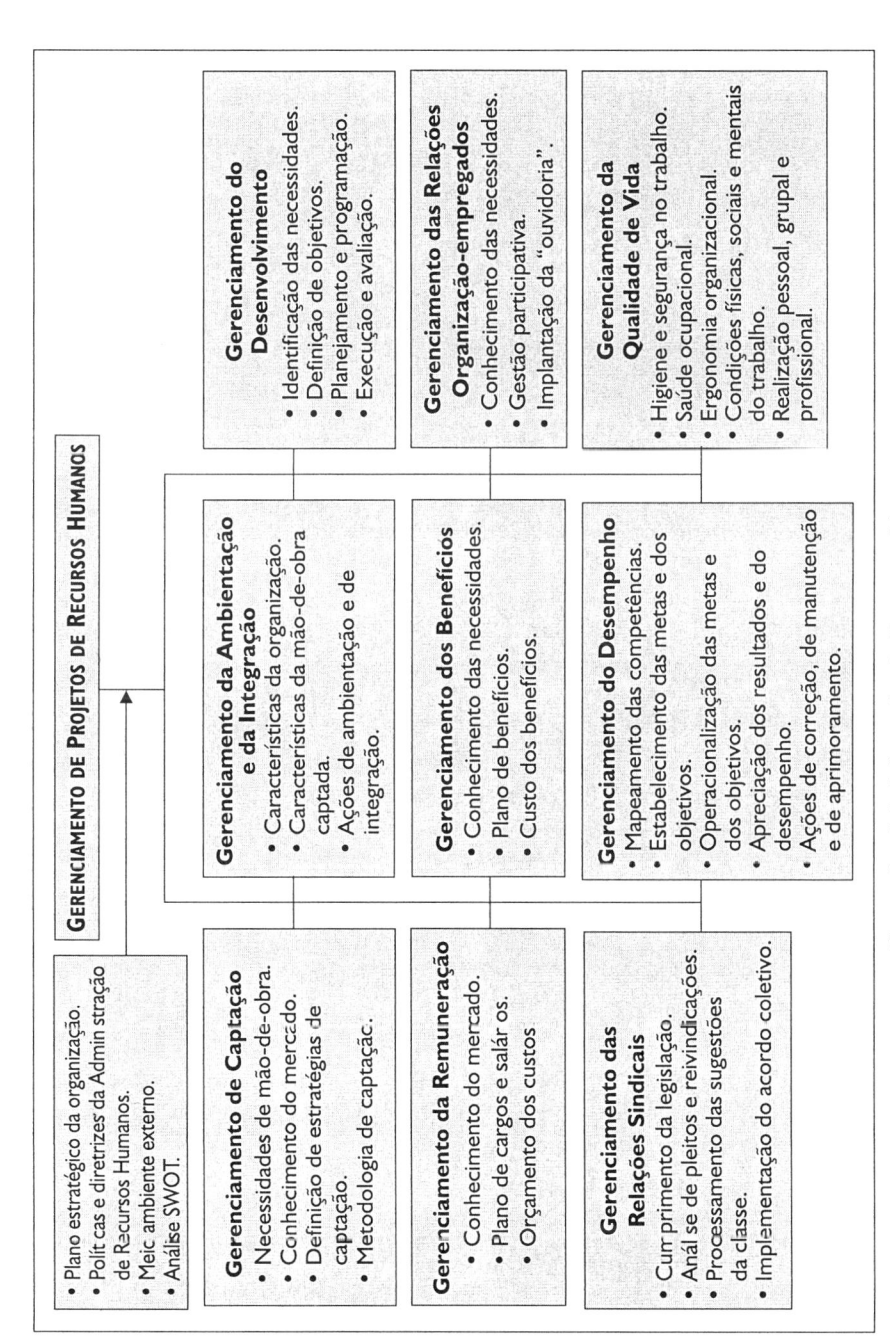

Gerenciamento de Captação
- Necessidades de mão-de-obra.
- Conhecimento do mercado.
- Definição de estratégias de captação.
- Metodologia de captação.

Gerenciamento da Ambientação e da Integração
- Características da organização.
- Características da mão-de-obra captada.
- Ações de ambientação e de integração.

Gerenciamento do Desenvolvimento
- Identificação das necessidades.
- Definição de objetivos.
- Planejamento e programação.
- Execução e avaliação.

Gerenciamento das Relações Organização-empregados
- Conhecimento das necessidades.
- Gestão participativa.
- Implantação da "ouvidoria".

Gerenciamento da Qualidade de Vida
- Higiene e segurança no trabalho.
- Saúde ocupacional.
- Ergonomia organizacional.
- Condições físicas, sociais e mentais do trabalho.
- Realização pessoal, grupal e profissional.

Gerenciamento dos Benefícios
- Conhecimento das necessidades.
- Plano de benefícios.
- Custo dos benefícios.

Gerenciamento do Desempenho
- Mapeamento das competências.
- Estabelecimento das metas e dos objetivos.
- Operacionalização das metas e dos objetivos.
- Apreciação dos resultados e do desempenho.
- Ações de correção, de manutenção e de aprimoramento.

Gerenciamento da Remuneração
- Conhecimento do mercado.
- Plano de cargos e salários.
- Orçamento dos custos

Gerenciamento das Relações Sindicais
- Cumprimento da legislação.
- Análise de pleitos e reivindicações.
- Processamento das sugestões da classe.
- Implementação do acordo coletivo.

Figura 5 – Administração de Recursos Humanos

Na verdade, a atividade de Treinamento e Desenvolvimento de Recursos Humanos não age sozinha dentro de qualquer organização, mas mantém estreita articulação com outras, das quais depende ou para as quais contribui com seus resultados e produtos. Assim é que, por exemplo, depende da atividade de Recrutamento e Seleção e contribui para a atividade de Avaliação de Desempenho ou de Gestão do Desempenho de Pessoal.

3.1. Importância da Atividade

A importância da atividade de T&D é reconhecida pelo Prêmio Nacional da Qualidade – PNQ, quando a inclui no Critério 6 – Pessoas, enfatizando a relevância de se divulgar como as necessidades de capacitação e de desenvolvimento da força de trabalho são identificadas e como os métodos utilizados apóiam as estratégias da organização, criando competências e contribuindo para a melhoria do desempenho das pessoas e da organização. Da pontuação máxima de 1.000 pontos, este subcritério corresponde a 30 pontos, contribuindo com 3% da pontuação (PNQ – 2006).

Outro destaque para a atividade de Desenvolvimento de Recursos Humanos fica por conta da Norma ISO 10015 voltada para treinamento. O objetivo é fornecer diretrizes que possam auxiliar uma organização a identificar e analisar as necessidades de treinamento, projetar e planejar o treinamento, executar o treinamento, avaliar os resultados do treinamento, monitorar e melhorar o processo de treinamento, de modo a atingir os seus objetivos.

A Norma ISO 10015 enfatiza contribuições do treinamento para a melhoria contínua e tem como objetivo ajudar as organizações a tornarem seu treinamento um investimento com retorno garantido. Para tanto, a Norma enfatiza que é conveniente a organização definir a competência necessária a cada atividade que afeta a qualidade dos produtos e serviços, avaliar a competência do pessoal para realizar a atividade e elaborar planos para eliminar quaisquer lacunas de competências que possam existir.

Seguramente, pode-se afirmar que o sucesso da atividade de Desenvolvimento de Recursos Humanos repousa sobre três pilares básicos, a saber:

- Necessidades claramente identificadas.
- Objetivos de aprendizagem precisamente definidos.
- Plano estruturado para avaliação de processos e de resultados.

3.2. Resultados do T&D

Para as organizações, a capacitação e o desenvolvimento das pessoas trazem os seguintes resultados:

- Aumento da produtividade.
- Ganhos de competitividade.
- Aumento dos padrões de qualidade.
- Melhoria no atendimento aos clientes.
- Redução de erros, retrabalhos, devoluções e reclamações.
- Colaboradores mais comprometidos e motivados.

Por falar em Plano de Avaliação, é mister ter em conta que as organizações só estão dispostas a investir em projetos de Desenvolvimento de Recursos Humanos que comprovem sua capacidade de gerar retorno do investimento. Assim, o cálculo da Taxa de Retorno do Investimento (TRI) aparece como destaque nos aspectos a serem levados em conta na decisão de implantar a atividade.

Há várias maneiras de se encarar e de se analisar a atividade de treinamento e desenvolvimento de Recursos Humanos – T&D e cada uma apresenta suas vantagens.

Uma delas analisa a atividade em função dos seus *stakeholders*, ou parte interessadas, analisando-lhes os papéis, funções e contribuições para a atividade, cabendo destacar as contribuições dos gerentes e dos supervisores, quando devidamente sensibilizados e motivados para emprestar suas contribuições.

Outra abordagem é pelas áreas prioritárias da organização que demandam as ações e os investimentos, em termos de processos voltados para os produtos e serviços, processos para as atividades de suporte, processos focados em fornecedores e processos econômico-financeiros. Tal abordagem guarda compatibilidade com o Prêmio

Nacional da Qualidade, mais diretamente com o seu Critério 7 – Processos (PNQ – 2006).

Uma outra abordagem, detalhada na Figura 6, analisa a atividade de Desenvolvimento de Recursos Humanos pelas funções que são desenvolvidas ou pelos seus processos ou áreas de conhecimento. Devido à sua semelhança com o PMBOK$^©$, esta abordagem será usada como reforço nos capítulos que se seguem.

Analisando a Figura 6, alguns esclarecimentos devem ser prestados para sua melhor compreensão, a saber:

- *Plano estratégico da organização:* insumo fundamental para a compreensão da atividade de DRH e para a sua estruturação, de vez que contém todas as informações básicas para a estruturação da atividade e a elaboração do Plano de T&D.

- *Políticas e Diretrizes de DRH:* definem o pensamento da alta administração e as suas orientações gerais para a condução da atividade;

- *Análise FFAO (SWOT):* análise estratégica da organização e da atividade de Desenvolvimento de Recursos Humanos – DRH, pois aponta seus pontos fortes e fracos, suas ameaças e oportunidades.

- *Gerenciamento da Identificação de Necessidades:* processo cujo principal produto é a Lista das Necessidades de Desenvolvimento de Recursos Humanos, indicando onde incidir o esforço de desenvolvimento, em que competências desenvolvê-los e quais colaboradores devem ser desenvolvidos.

- *Gerenciamento do Estabelecimento de Objetivos:* processo cujo principal produto é a Lista dos Objetivos Gerais e dos Objetivos Específicos de Aprendizagem, também conhecidos por Objetivos de Ensino. Em outras palavras, significa as condutas finais que os egressos dos projetos devem demonstrar ao final dos mesmos, como prova que foram bem-sucedidos.

- *Gerenciamento da Definição do Conteúdo Programático:* processo complexo que, com base nos objetivos e em outras informações, estrutura o plano de desenvolvimento a ser implementado. Utilizando-se linguagem de planejamento, significa adotar o método 5W2H (sete perguntas clássicas do planejamento). O seu principal produto é o plano do projeto de DRH, previsto na metodologia do PDCA de Deming.

- *Gerenciamento dos Custos:* cujo principal produto é a previsão orçamentária do projeto, estruturada a partir das previsões de recursos necessários, suas estimativas de custos e da utilização de uma metodologia de custeio e de previsão orçamentária.

- *Gerenciamento do Tempo*: processo baseado na lista de atividades a serem desenvolvidas, nas suas estimativas de duração e em sua ordenação seqüencial para, então, estimar-se a duração total da atividade e se elaborarem os cronogramas respectivos. Seu principal produto é o cronograma das atividades.

- *Gerenciamento da Execução:* consiste no conjunto de atividades relacionadas com a implementação do projeto de T&D, a partir do esquema logístico estruturado, para que tudo ocorra no momento certo, nos locais certos, nas quantidades certas e com os custos adequados, gerando satisfação para os clientes. O principal produto deste processo é a logística estruturada para ser implementada.

- *Gerenciamento da Avaliação do Processo:* conjunto de atividades desenvolvidas para se estruturar o sistema de avaliação do processo de condução do projeto, as metodologias desenvolvidas e as formas de as coisas serem feitas. O principal enfoque desta avaliação é verificar como as coisas foram feitas e se o foram da melhor maneira possível, com otimização do uso de recursos. O produto deste processo é o Plano de Avaliação do Processo do projeto.

- *Gerenciamento da Avaliação de Resultados:* diferentemente do foco dos processos e da preocupação com as formas de se fazer as coisas, este processo direciona-se para a eficácia ao projeto de T&D. Aqui se questiona se o que tinha de ser feito o foi e quais os resultados constatados. Há preocupação, também, com os resultados obtidos e se os mesmos guardam uma relação adequada com os investimentos feitos. Além disso, avalia-se o valor (relação benefício/custo) do projeto. O principal produto deste processo é o Plano de Avaliação dos Resultados do projeto.

GERENCIAMENTO DE PROJETOS DE T&D

- Plano estratégico da organização.
- Políticas e diretrizes de DRH.
- Análise FFAO (SWOT).

Gerenciamento da Definição do Conteúdo Programático
- Definição do conteúdo.
- Alargamento do conteúdo.
- Seqüenciação lógica.
- Estruturação das disciplinas.

Gerenciamento da Execução
- Definição da logística.
- Operacionalização da logística.
- Gerenciamento da logística.
- Aprimoramento da logística.

Gerenciamento do Estabelecimento de Objetivos
- Conhecimento da realidade de trabalho.
- Objetivos gerais.
- Objetivos específicos.

Gerenciamento do Tempo
- Definição das atividades.
- Seqüenciação das atividades.
- Estimativa do tempo.
- Definição da carga horária.

Gerenciamento da Avaliação de Resultados
- Mapeamento das competências.
- Estabelecimento dos objetivos.
- Estabelecimento da metodologia.
- Operacionalização da metodologia.
- Gerenciamento do processo.
- Aprimoramento da metodologia e dos resultados.

Gerenciamento da Identificação de Necessidades
- Necessidades de mão-de-obra.
- Necessidades operacionais.
- Necessidades individuais.

Gerenciamento dos Custos
- Descrição dos recursos necessários.
- Custos unitários dos recursos.
- Metodologia de custeio.
- Previsão orçamentária.

Gerenciamento da Avaliação do Processo
- Estabelecimento dos objetivos.
- Estabelecimento da metodologia.
- Operacionalização da metodologia.
- Gerenciamento do processo e dos resultados.
- Aprimoramento da metodologia.

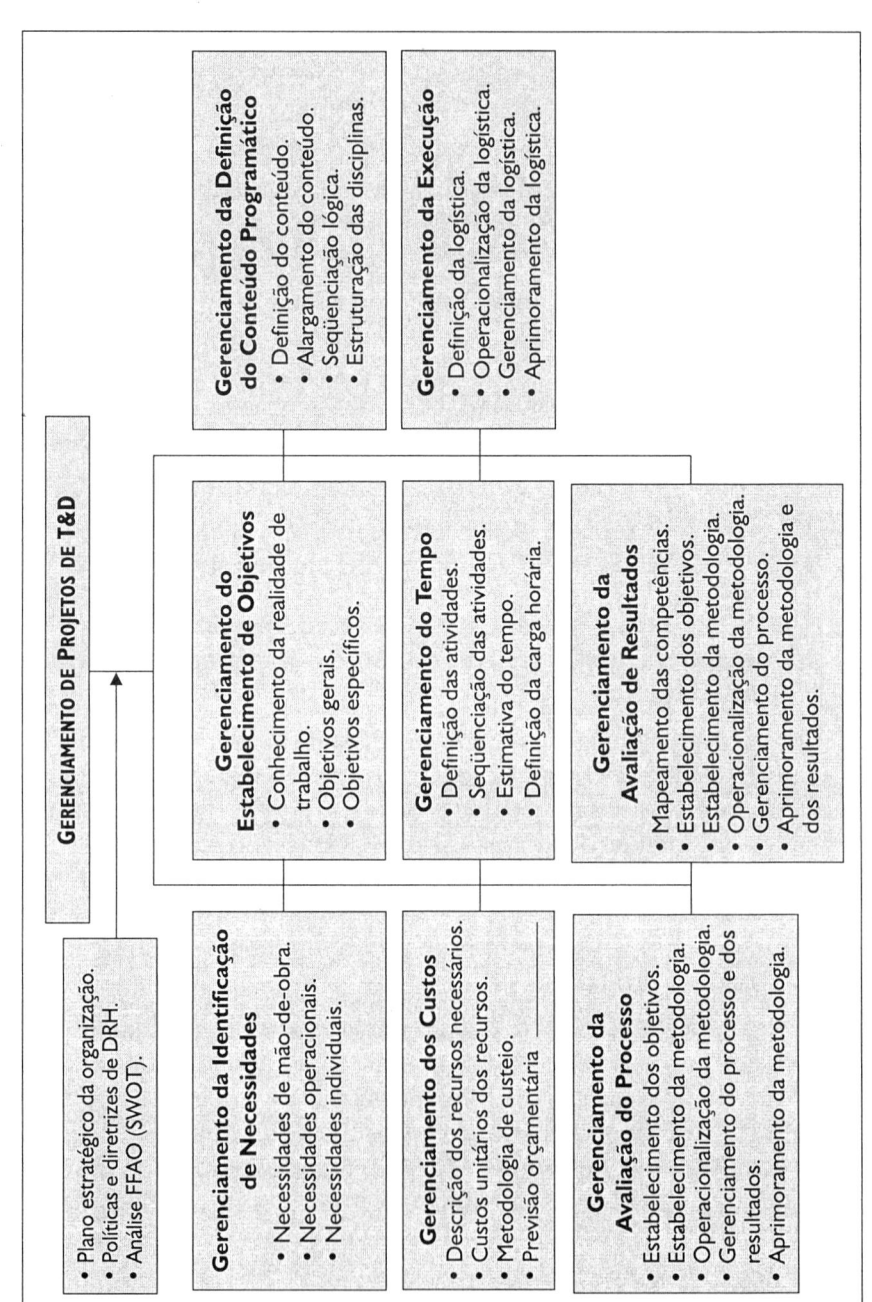

Figura 6 – Gerenciamento de Projeto de Desenvolvimento de Recursos Humanos

4. Papéis e Funções dos Profissionais de T&D

Neste contexto, inúmeros são as funções e os papéis a serem desempenhados pelos profissionais de T&D, sobretudo se levando em conta que funções correspondem a determinadas atividades cometidas às pessoas, em decorrência dos seus cargos e posições ocupadas, enquanto os papéis estão relacionados a representações de papéis desempenhadas pelos profissionais. Pode-se dizer que as funções são vinculadas às organizações e os papéis estão vinculados às pessoas.

Com estas ponderações, têm-se as seguintes funções:
- Planejamento.
- Organização.
- Coordenação.
- Controle.
- Avaliação.
- Direção.

Complementarmente, têm-se os seguintes papéis:
- Líder.
- Orientador.
- Conselheiro.
- Amigo.
- Condutor.
- Coordenador.

5. Análise Organizacional do T&D

Denomina-se Análise Organizacional o estudo feito a respeito de uma organização ou uma de suas áreas, em que se procura "fotografá-la" e identificar alguns aspectos que se relacionam com outros importantes de sua dinâmica organizacional.

Esta fotografia proporcionará uma análise detalhada, permitindo a tomada de decisões importantes relacionadas com a consecução da excelência daquela organização, haja vista que os aspectos fotografados são estratégicos para o seu sucesso.

São os seguintes os aspectos pesquisados na Análise Organizacional:

- **Clientes:** identifica quem são os principais clientes da organização ou quem são os destinatários dos seus produtos e serviços, observando-se que cliente é quem sucede alguém em uma sucessão de processos, podendo ser cliente interno ou externo.

- **Produtos:** identifica os principais produtos da organização, sejam bens materiais ou serviços prestados, observando-se que "produto" é todo resultado de um processo que é passado a um cliente.

- **Missão ou Razão-de-Ser da Organização:** são os aspectos que justificam a sua presença e dão sentido à sua existência no mercado. Missão não pode ser confundida com lista ou descrição de atividades realizadas.

- **Fornecedores:** são organizações, pessoas, órgãos ou atividades de quem se depende para trabalhar. São os supridores de nossas necessidades, fornecendo produtos ou serviços que funcionarão como insumos de nossos processos.

- **Insumos**: é tudo aquilo de que necessitamos para trabalhar ou dar continuidade às nossas atividades. Insumo é tudo aquilo que é processado, utilizado e transformado em nossas operações. Alguns insumos desaparecem no processo e passam a integrar nossos produtos finais, como é o caso das matérias-primas, dos materiais, dos sobressalentes e das embalagens. Outros permanecem por vários processos, como é o caso das máquinas, dos equipamentos e da tecnologia. Há os insumos que servem como impulsionadores dos processos, como é o caso das diversas formas de energia utilizadas.

- **Pontos Críticos de Sucesso:** são aspectos relevantes da organização, de seus produtos, de seus insumos ou de seus processos, que os clientes levam em consideração nos momentos de efetuarem a avaliação da mesma. Em linguagem de Gerência de Projetos, são os pontos relevantes que devem merecer a atenção prioritária dos gerentes, pois é sobre eles que os clientes pautarão a sua avaliação.

- **Indicadores:** são números absolutos (peso, quantidade, volume, tempo) ou relações numéricas (desempenho, produtividade etc.) que servem para medir e se tomar como base para a avaliação de um ponto crítico de sucesso.

A Figura 7 apresenta um modelo de Análise Organizacional que pode ser aplicado ao órgão de Desenvolvimento de Recursos Humanos, auxiliando a compreender alguns de seus aspectos mais relevantes.

Análise Organizacional	Órgão analisado:
Clientes:	
Produtos:	
Missão:	
Fornecedores:	
Insumos:	
Pontos Críticos de Sucesso:	
Indicadores:	

Figura 7 – Análise Organizacional da atividade de T&D

6. Projeto de T&D Conforme PMI

O Gerenciamento de um projeto em consonância com o *Project Management Institute* – PMI compreende colocar em prática todas as áreas de conhecimentos previstos no mesmo, assim como desenvolver os processos nele contidos. Em outras palavras, significa percorrer metodicamente todas as etapas previstas na Figura 8, já detalhadas quanto aos seus significados.

Acontece que o Corpo de Conhecimentos é abrangente, genérico e aplicável a qualquer tipo de projeto. Deve ser ajustado às tipicidades e às características de cada um, para que possa surtir os efeitos desejados.

Assim, antes da aplicação do Corpo de Conhecimentos a um projeto de Treinamento e Desenvolvimento de Recursos Humanos – T&D, serão feitas adaptações ao mesmo, sem que isso implique perda da qualidade da metodologia apresentada.

Nas adaptações a serem feitas, serão preservadas as nove áreas do conhecimento ou processos (estrutura básica do PMI), assim como na estrutura do seu desdobramento interno (Dados Necessários, Ferramentas e Técnicas e Resultados). Isso garante a sua integridade.

As adaptações serão decorrentes da natureza do processo de Treinamento e Desenvolvimento de Recursos Humanos – T&D e atingirão o desdobramento interno citado, na descrição dos Dados Necessários, na especificação das Ferramentas e Técnicas e, conseqüentemente, nos Resultados.

Como conseqüência, o modelo global permanecerá inalterado conforme a Figura 8 passando-se a processar as adaptações em cada uma das nove áreas do conhecimento ou processos.

GERENCIAMENTO DE PROJETOS DE DRH, CONFORME PMBOK©

Gerenciamento de Integração
- Elaboração do plano do projeto.
- Execução do plano do projeto.
- Controle integrado de alterações.

Gerenciamento do Escopo
- Iniciação.
- Planejamento do escopo.
- Definição do escopo.
- Verificação do escopo.
- Controle de alterações do escopo.

Gerenciamento do Tempo
- Definição das atividades.
- Sequenciação das atividades.
- Estimativa de duração das atividades.
- Elaboração do cronograma.
- Controle do cronograma.

Gerenciamento dos Custos
- Planejamento dos recursos.
- Estimativa dos custos.
- Orçamento dos custos.
- Controle dos custos

Gerenciamento da Qualidade
- Planejamento da qualidade.
- Garantia da qualidade.
- Controle da qualidade.

Gerenciamento dos Recursos Humanos
- Planejamento organizacional.
- Formação de equipe.
- Desenvolvimento da equipe.

Gerenciamento das Comunicações
- Planejamento das comunicações.
- Distribuição de informações.
- Relatório de desempenho.
- Encerramento administrativo.

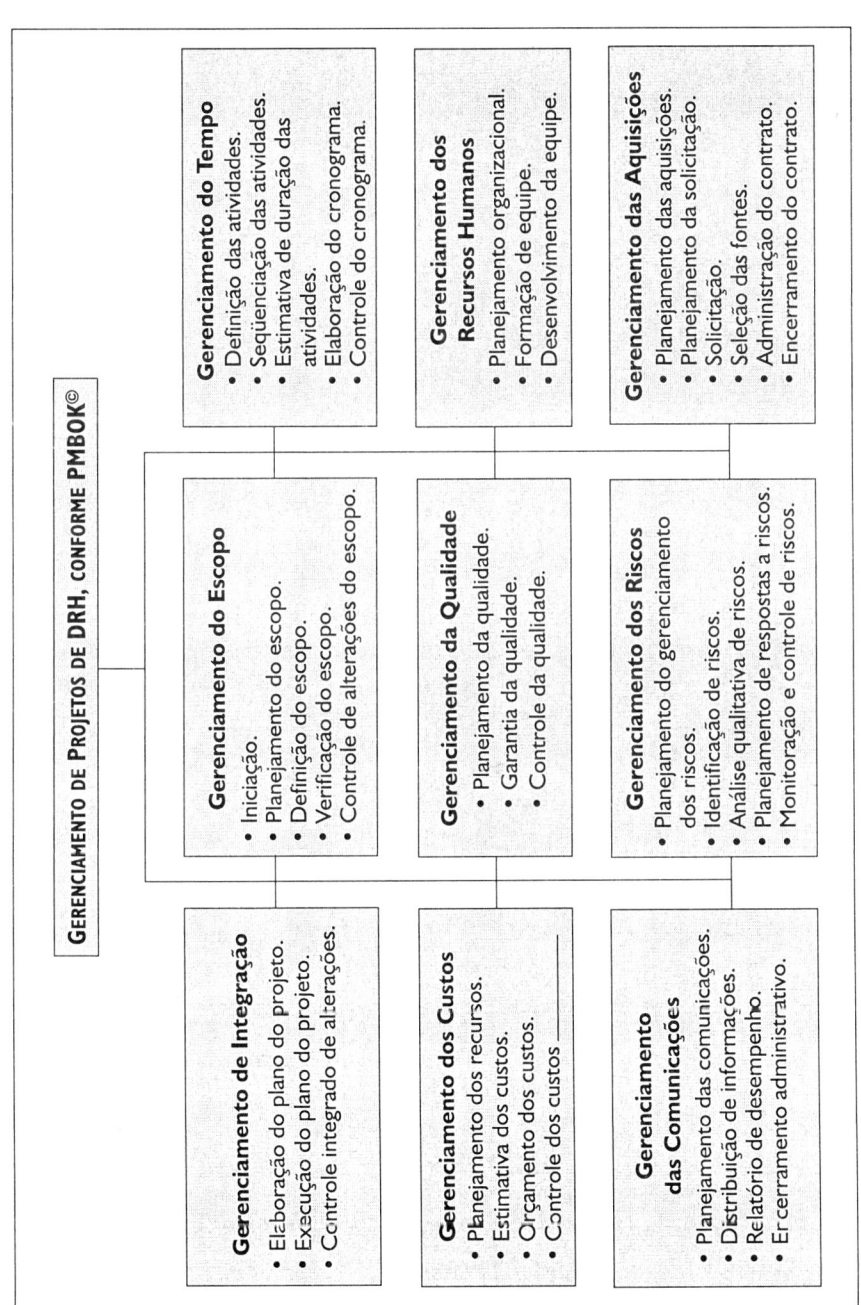

Gerenciamento dos Riscos
- Planejamento do gerenciamento dos riscos.
- Identificação de riscos.
- Análise qualitativa de riscos.
- Planejamento de respostas a riscos.
- Monitoração e controle de riscos.

Gerenciamento das Aquisições
- Planejamento das aquisições.
- Planejamento da solicitação.
- Solicitação.
- Seleção das fontes.
- Administração do contrato.
- Encerramento do contrato.

Figura 8 – Gerenciamento do Desenvolvimento de Recursos Humanos, conforme o PMBOK©

capítulo 3

Projetos de Treinamento e Desenvolvimento de Recursos Humanos – T&D

"Determine alguma coisa para eu fazer como tarefa, e é inacreditável o desejo que eu tenho de fazer outra coisa."

G. B. Shaw

SUMÁRIO DO CAPÍTULO:
1. Fundamentos
2. Conceitos Básicos
3. Componentes de um Projeto de T&D
4. Processo de Estruturação de Projetos de T&D

OBJETIVOS DE APRENDIZAGEM: Depois de estudar este capítulo, você deverá estar apto a:

1. *Conceituar projetos de T&D.*
2. *Apresentar exemplos de projetos de T&D.*
3. *Descrever as partes componentes de um projeto de T&D.*
4. *Discorrer sobre a estruturação de um projeto de T&D.*

1. Fundamentos

Para Batitucci (2000), a Administração de Recursos Humanos é uma função facilitadora de qualquer processo porque lida com as pessoas que, por sua vez, estão presentes em qualquer processo e trabalho. Destaca-se a facilitação da descoberta conjunta de alternativas, da ajuda e da disponibilização de meios que criem condições de crescimento e de aumento da competência dos demais colaboradores e áreas de trabalho.

O mesmo autor enfatiza que a função de facilitação também envolve viabilizar a aquisição e o desenvolvimento das competências dos colaboradores, através de mecanismos de capacitação, desenvolvimento, motivação e acompanhamento dos mesmos.

Na Administração de Recursos Humanos, também se tem exemplos diários desta modalidade de atuação organizacional (Batitucci, 2000) que evidencia formas objetivas e teleológicas de se trabalhar, destacando-se alguns tipos de projetos, a saber:

- criação de um novo cargo;
- desenvolvimento de novos supervisores;
- estruturação de nova modalidade de comunicações internas;
- estruturação de nova modalidade de relação com entidades representativas;
- estruturação de sistema de apoio para atividades comunitárias;
- gerenciamento das taxas de absenteísmo e de ausentismo;
- implantação de uma universidade corporativa;
- modernização dos programas de benefícios;
- nova metodologia de contratação de colaboradores;
- redução das taxas de obesidade dos colaboradores;
- reformulação do jornal interno;
- reformulação do plano de cargos e salários.

Como se pode observar, a Administração de Recursos Humanos é uma área extremamente fértil para a aplicação de metodologia de trabalhar por projetos, independentemente de se trabalhar processos em algumas de suas áreas, onde processos repetitivos e rotineiros devem ser desenvolvidos.

2. Conceitos Básicos

Dentro da sua função de facilitação, a Administração de Recursos Humanos atua na facilitação da competência dos colaboradores quando cuida especificamente dos mecanismos de treinamento e desenvolvimento dos colaboradores através da atividade de treinamento e desenvolvimento T&D.

Um Projeto de T&D compreende todas as etapas que formam o ciclo de alargamento das competências básicas das pessoas para o desempenho de certas atividades, como se observa na Figura 9. Nesta, são explicitadas as suas etapas básicas, com a ressalva de que a etapa de avaliação de processos e de resultados se dá ao longo de todo o processo de estruturação.

3. Componentes de um Projeto de T&D

Diversos autores possuem percepções diferentes sobre as etapas de estruturação de um projeto de T&D, mas todos concordam que há etapas básicas e obrigatórias, sem as quais um projeto de T&D perderia a sua caracterização. Para efeito deste livro, adota-se o seguinte conjunto de etapas a serem conduzidas, não necessariamente de forma linear e seqüencial:

- Identificação de necessidades.
- Estabelecimento dos objetivos.
- Planejamento e programação.
- Estabelecimento de atributos e indicadores.
- Plano de execução.
- Plano de avaliação.

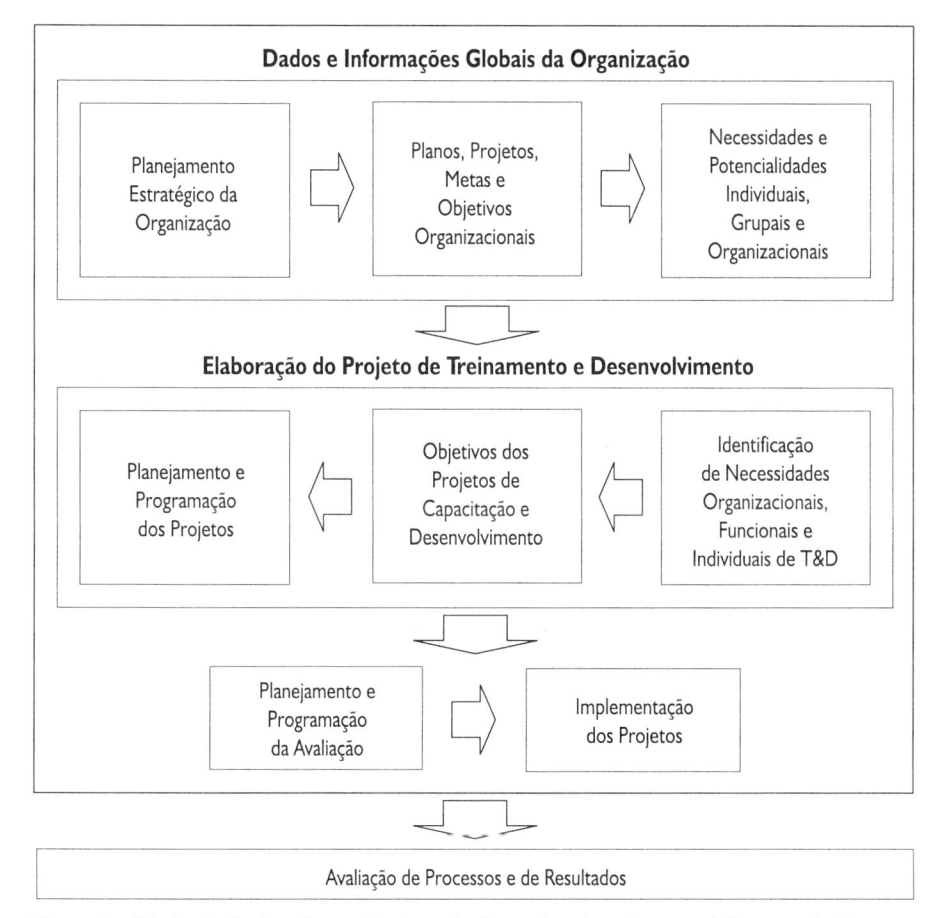

```
                    Dados e Informações Globais da Organização
┌─────────────────┐     ┌─────────────────┐     ┌─────────────────┐
│  Planejamento   │     │ Planos, Projetos,│     │  Necessidades e │
│  Estratégico da │ ⇒   │     Metas e     │ ⇒   │  Potencialidades│
│   Organização   │     │    Objetivos    │     │    Individuais, │
│                 │     │ Organizacionais │     │     Grupais e   │
│                 │     │                 │     │ Organizacionais │
└─────────────────┘     └─────────────────┘     └─────────────────┘
                                  ⇓
            Elaboração do Projeto de Treinamento e Desenvolvimento
┌─────────────────┐     ┌─────────────────┐     ┌─────────────────┐
│                 │     │   Objetivos dos │     │   Identificação │
│  Planejamento e │ ⇐   │    Projetos de  │ ⇐   │  de Necessidades│
│   Programação   │     │   Capacitação e │     │  Organizacionais│
│   dos Projetos  │     │ Desenvolvimento │     │    Funcionais e │
│                 │     │                 │     │Individuais de T&D│
└─────────────────┘     └─────────────────┘     └─────────────────┘
                                  ⇓
       ┌─────────────────┐          ┌─────────────────┐
       │  Planejamento e │          │  Implementação  │
       │   Programação   │    ⇒     │   dos Projetos  │
       │   da Avaliação  │          │                 │
       └─────────────────┘          └─────────────────┘
                                  ⇓
              Avaliação de Processos e de Resultados
```

Figura 9 – Visão sistêmica de um Projeto de Capacitação e Desenvolvimento de Pessoas

4. Processo de Estruturação de Projetos de T&D

Um projeto de T&D é formado por um conjunto de etapas integradas que compreendem, sistematizam e integram todas as ações necessárias para que os objetivos do treinamento e do desenvolvimento sejam atingidos.

Garcia J. F. P. (1994) sugere obedecer a um fluxograma sobre o processo de treinamento e desenvolvimento de recursos humanos para garantir uma exata compreensão do que vem a ser um projeto de T&D e conduzi-lo com a certeza de sucesso.

A elaboração de um projeto de T&D consiste em se prever, com a necessária antecedência, todas as ações que deverão ser encaminhadas quando da implementação do referido Projeto.

Para melhor compreensão das etapas, dos seus registros e de sua apresentação final, sugere-se aos leitores um modelo de projeto, que deverá ser adaptado às realidades de suas organizações (Anexo 1).

A estruturação de um projeto de T&D significa percorrer e documentar todas as etapas demonstradas, de formas ordenada, sistematizada e coordenada, de vez que existem relações de mútuas dependências entre as mesmas.

Por exemplo, o processo de estabelecimento dos objetivos gerais e específicos está intimamente relacionado com o processo de definição do conteúdo programático e com aquele de avaliação de processos e de resultados. Igualmente, o estabelecimento do conteúdo programático tem fortes relações com o processo de estabelecimento das melhores metodologias e de escolha dos facilitadores.

Independentemente deste encadeamento lógico entre as etapas que compõem um projeto de T&D, a avaliação relaciona-se com todas elas, na proporção em que o planejamento da avaliação é elaborado simultaneamente ao estabelecimento de todas as etapas. Na verdade, quanto melhor for a qualidade de um projeto de T&D, melhores condições se terá para implementá-lo com efetividade.

O produto final deste processo é um projeto de T&D pronto para ser implementado ou executado sobre o qual se aplicarão todas as orientações de logística.

capítulo 4
Componentes de um Projeto de T&D

"A lição mais eloqüente dos dinossauros é que se alguma grandeza é boa, uma superabundância de grandeza não é necessariamente melhor."

E. A. Johnson

SUMÁRIO DO CAPÍTULO:

1. Fundamentos
2. Composição das Fases
3. Identificação de Necessidades
   3.1. Fundamentos
   3.2. Tipos de Necessidades
   3.3. Processo de Identificação de Necessidades
   3.4. Instrumentos para Identificação das Necessidades
4. Estabelecimento de Objetivos
   4.1. Fundamentos
   4.2. Objetivos Gerais
   4.3. Objetivos Específicos
   4.4. Estabelecimento e Redação de Objetivos
   4.5. Transformando Objetivos em Ações de T&D
5. Planejamento e Programação
   5.1. Fundamentos
   5.2. Estruturação do Conteúdo Programático
   5.3. Estabelecimento da Metodologia
   5.4. Estruturação da Equipe
   5.5. Dimensionamento da Carga Horária
   5.6. Orçamentação e Custeio de Projetos
   5.7. Atributos e Indicadores para Avaliação

OBJETIVOS DE APRENDIZAGEM: Depois de estudar este capítulo, você deverá estar apto a:

1. Enumerar as fases que formam um projeto de T&D.
2. Conceituar o processo e a identificação de necessidades.
3. Discorrer sobre os sintomas determinantes das necessidades de T&D.
4. Conceituar objetivos de ensino.
5. Discorrer sobre os três elementos que compõem um objetivo de ensino.
6. Discorrer sobre a transformação de objetivos de ensino em ações de operacionalização dos mesmos.
7. Apontar três vantagens do planejamento em T&D.
8. Distinguir planejamento de programação em T&D.
9. Discorrer sobre o processo de montagem do conteúdo programático.
10. Discorrer sobre a importância das metodologias de ensino.
11. Eleger, pelo menos, três metodologias de ensino e descrevê-las.
12. Discorrer sobre, pelo menos, três competências de instrutores ou facilitadores.
13. Discorrer sobre cada uma das rubricas que formam o orçamento de T&D.
14. Apontar três vantagens de atributos de T&D.
15. Discorrer sobre indicadores em T&D.
16. Justificar a avaliação com base em indicadores de desempenho.
17. Destacar a importância da logística nas atividades de T&D.

1. Fundamentos

Um projeto de T&D é formado por um conjuntos de etapas integradas que compreendem, sistematizam e integram todas as ações necessárias para que os objetivos do treinamento e do desenvolvimento sejam atingidos.

Sem desmerecer os demais tipos de acompanhamento e de avaliação dos projetos de T&D, aqueles relacionados com o retorno ao trabalho devem ser alvo de atenções especiais por parte dos interessados.

2. Composição das Fases

Garcia J. F. P. (1994) nos sugere obedecer a um fluxograma sobre o processo de T&D para garantir que tenhamos uma exata compreensão do que vem a ser um projeto de T&D e possamos conduzir um deles com a certeza de sucesso. Em outras palavras, a coordenação de projetos de T&D exige uma visão sistêmica, foco nas partes que o integram e uma forte disciplina para se seguir os planos. Esta visão sistêmica é apresentada na Figura 10.

A elaboração de um projeto de T&D significa percorrer e documentar todas as etapas demonstradas na Figura 10, de formas ordenada, sistematizada e coordenada, de vez que existem relações de mútuas dependências entre as mesmas. Por exemplo, o processo de estabelecimento dos objetivos gerais e específicos está intimamente relacionado com o processo de definição do conteúdo programático e com aquele de avaliação de processos e de resultados. Igualmente, o estabelecimento do conteúdo programático tem fortes relações com o processo de estabelecimento das melhores metodologias e de escolha dos facilitadores.

Independentemente deste encadeamento lógico entre as etapas que compõem um projeto de capacitação e de desenvolvimento de pessoas, a avaliação relaciona-se com todas elas, na proporção em que o planejamento da avaliação é elaborado simultaneamente ao estabelecimento de todas as etapas. Na verdade, quanto melhor for a qualidade de um projeto de capacitação e desenvolvimento, melhores condições se terá para implementá-lo com efetividade.

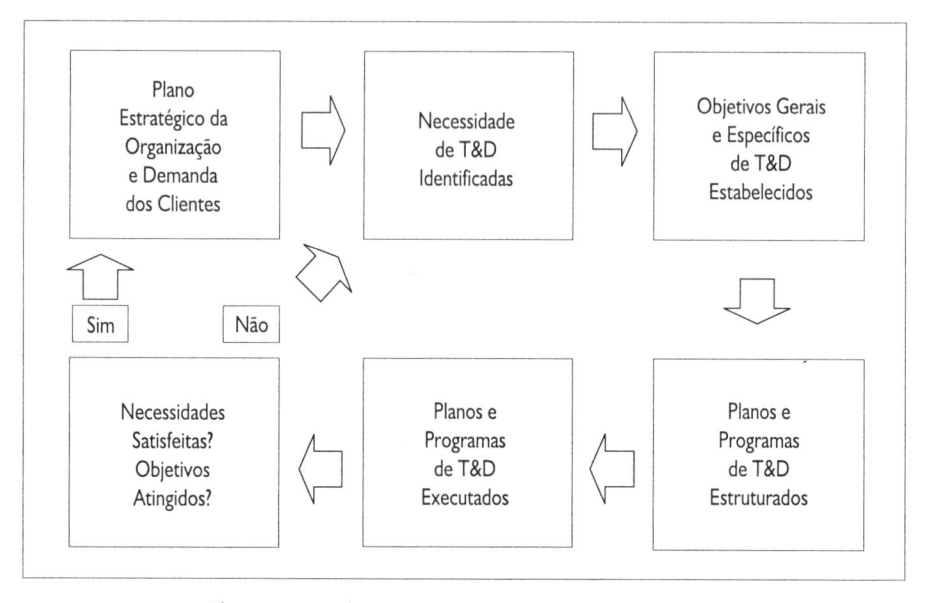

Figura 10 – Visão sistêmica da atividade de T&D

Diversos autores demonstram percepções diferentes sobre as etapas de um projeto de T&D, mas todos concordam na quase totalidade dos pontos. Este livro apresenta uma visão formada pelo seguinte conjunto de etapas a serem conduzidas não necessariamente de forma linear e seqüencial:

- Identificação de necessidades.
- Definição dos objetivos do projeto.
- Planejamento e programação.
- Estabelecimento de atributos e indicadores.
- Execução do projeto.
- Avaliação do projeto.

3. Identificação de Necessidades

3.1. Fundamentos

Segundo Milkovich (2000), a vinculação entre capacitação e as necessidades identificadas e a avaliação dos seus resultados em função dessas mesmas necessidades parecem muito óbvias. No entanto, nem sempre estão comprovadas por fatos reais ou resultados de pesquisas com lastro científico que lhes dê credibilidade.

Isto decorre do fato de que os projetos de treinamento e desenvolvimento normalmente são realizados porque os dirigentes, gerentes e supervisores "sentem" que precisam capacitar e desenvolver as pessoas, mas não sabem exatamente os motivos pelos quais pensam assim. Uns o fazem porque os outros também adotam estas modalidades de ações e não desejam ficar atrás ou serem tidos como retrógrados ou ultrapassados. Outros, porque treinar e desenvolver pessoas estão na moda e não querem parecer obsoletos.

Tais dirigentes investem, capacitam, desenvolvem verificam os ganhos e os benefícios, mas são incapazes de quantificá-los ou de evidenciá-los factualmente, demonstrando que sabem os motivos de suas decisões.

Na verdade, efetivamente temos mecanismos que os quantificam e, como tal, mostram a importância da associação entre identificação de necessidades, definição de objetivos e avaliação de resultados. Temos os mecanismos, mas os mesmos não são utilizados porque temos aversão a todo e qualquer mecanismo que sirva como fonte de avaliação do nosso desempenho em termos de processos e de resultados.

Como esta vinculação não está clara, tendemos a dar pouca importância ao levantamento das necessidades e à avaliação dos processos e dos resultados. Assim, limitamo-nos a devotar nossos esforços para o planejamento, a programação e a implementação ou execução dos projetos.

A Figura 11 demonstra a importância e a vinculação entre as referidas abordagens.

```
┌─────────────────────┐              ┌─────────────────────┐
│   Identificação de  │              │     Definição de    │
│     Necessidades    │              │      Objetivos      │
└─────────────────────┘              └─────────────────────┘

┌─────────────────────┐              ┌─────────────────────┐
│     Planejamento    │              │       Avaliação     │
└─────────────────────┘              └─────────────────────┘
```

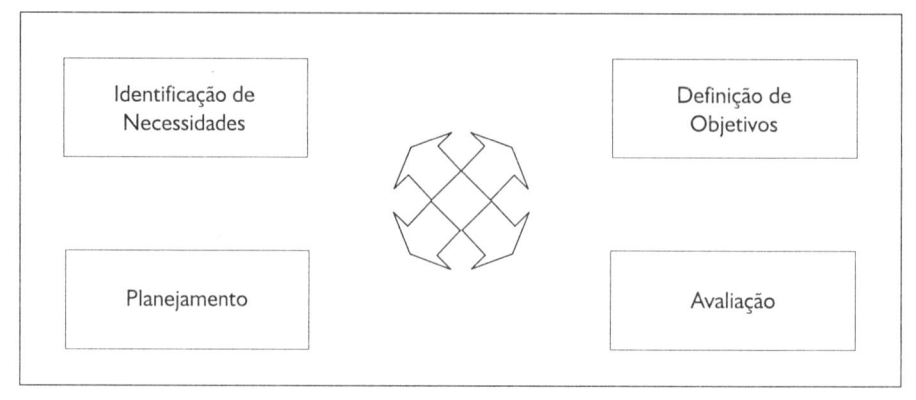

Figura 11 – Vinculação entre necessidades, objetivos, planejamento e avaliação

3.2. Tipos de Necessidades

De uma forma bem simplificada, o processo de identificação de necessidades consiste em se responder a três perguntas bastante complexas, a saber:

- Em que áreas ou atividades da empresa deve-se priorizar ou fazer incidir os investimentos de T&D?
- Em que assuntos, temas ou especialidades investir prioritariamente?
- A quem incluir nos projetos prioritários a serem estruturados?

As respostas a estas perguntas resultarão nos três tipos ou famílias de necessidades normalmente identificadas, cabendo para cada uma delas algumas observações importantes, como as que se seguem.

Necessidades Organizacionais

Onde são indicados quais são os órgãos, as atividades ou as áreas de trabalho que merecem ser alvo do esforço de treinamento e desenvolvimento. Tais necessidades resultam do aparecimento de novos produtos, tecnologias emergentes, desvios fora das faixas de controle, índices de controle e de verificação anormais, surgimento de novos clientes, surgimento de concorrentes mais bem preparados, ou mesmo de oportunidades de crescimento que demandam equipes de trabalho mais competentes.

Necessidades Operacionais ou Funcionais

São aquelas inerentes às demandas de competências, independentemente de quem seja o colaborador. Quem determina este tipo de necessidade é o conteúdo ocupacional do cargo ou a descrição das atividades que são desenvolvidas. Esta característica implica uma permanente revisão e atualização do plano de cargos da organização e de uma visão prospectiva do que os mesmos venham a sê-lo no futuro.

Necessidades Individuais

Indicará quem serão os colaboradores a serem considerados clientes individuais dos projetos de treinamento e desenvolvimento. Tais necessidades resultam de lacunas constatadas em termos de competências dos mesmos, face às exigências organizacionais. Também podem ter conotação positiva, quando resultam da constatação de potenciais demonstrados pelos referidos colaboradores, que os fazem merecedores de investimentos adicionais para o alargamento de suas competências.

3.3. PROCESSO DE IDENTIFICAÇÃO DE NECESSIDADES

Como já foi frisado nos itens anteriores, o processo de levantamento ou de identificação de necessidades de capacitação e desenvolvimento consiste em uma pesquisa para identificarmos:

- o que os participantes dos projetos precisam e devem aprender;
- quais habilidades devem desenvolver;
- que comportamentos finais devem demonstrar, para que estejam aptos ao desempenho de suas atividades e exteriorização de comportamentos apropriados às situações de vida que enfrentarão.

Também, como já foi frisado, registramos que todas estas atividades estão intimamente atreladas ao Planejamento Estratégico da organização e devem guardar compatibilidade com a Missão, a Visão, os Projetos, os Planos e os Objetivos Organizacionais.

Nem sempre uma necessidade identificada representa uma deficiência ou uma carência dos futuros participantes dos projetos de treinamento e desenvolvimento. Em muitas situações, representa uma oportunidade de investimento em um colaborador promissor, criativo e que se destaca dos demais, passando a ser merecedor de atenções especiais. Em outras palavras, em muitas situações, uma necessidade identificada significa um promissor candidato a um processo de crescimento organizacional.

Ainda segundo Milkovich (2000:343),

> *"provavelmente, a maneira mais óbvia de determinar as necessidades de capacitação seja buscando as áreas em que as competências ou CHCs (Capacidades, Habilidades e Conhecimentos) das pessoas precisam ser melhoradas para atenderem aos requisitos das funções que ocupam".*

Em decorrência da dinâmica e das constantes transformações ocorridas nas organizações modernas, os papéis funcionais estáveis e previsíveis são uma raridade. Por sua vez, as competências essenciais são uma ampla variedade de competências que permitem aos colaboradores flexibilidade e adaptabilidade.

Isto faz com que o processo de levantamento de necessidades venha a requerer análises mais amplas e profundas e considerações mais abrangentes em termos de especializações e de dimensão temporal, com uma idéia mais forte do futuro e das transformações que venham a ocorrer e a exigir mais flexibilidade e polivalência dos facilitadores.

O foco do processo de levantamento das necessidades transita, assim, do conceito "do que está lhes faltando" para o conceito do que "terão de saber fazer". Isso demanda visões de mais longo prazo, sem se descuidar das necessidades atuais.

O PROCESSO DE LEVANTAMENTO DE NECESSIDADES REQUER TRANSITAR DA IDÉIA DE PREENCHIMENTO DE LACUNAS ATUAIS DE CONHECIMENTOS, HABILIDADES E ATITUDES, PARA O CONCEITO "DO QUE OS COLABORADORES PODERÃO SER DEMANDADOS A FAZER NO FUTURO". ESSA VISÃO DO FUTURO COMANDARÁ O PROCESSO DE IDENTIFICAÇÃO DAS NECESSIDADES.

O processo de levantamento de necessidades procura responder a três perguntas básicas:

a) Onde faremos incidir o esforço de capacitação e desenvolvimento? Quais áreas ou atividades são as clientes do processo de capacitação e desenvolvimento, em função de suas necessidades de curto, médio e longo prazos?

b) Em que capacitar e desenvolver as pessoas? Quais os assuntos, as especializações a serem abrangidas em seus atuais cargos e funções e naqueles em perspectiva?

c) A quem capacitaremos e desenvolveremos? Quais os participantes de cada projeto, em função de suas atuais lacunas e perspectivas futuras?

Para melhor esclarecimento, listamos situações ou ocorrências que podem ser consideradas como indicativos de necessidades de treinamento de desenvolvimento de pessoas:

- Alterações no quadro de pessoal.
- Aumento nos custos.
- Aparecimento de concorrentes.
- Busca da certificação pelas Normas ISO.
- Busca da certificação profissional de técnicos.
- Devolução de produtos defeituosos, obsoletos ou inadequados.
- Desatualização tecnológica do pessoal.
- Deficiências no desempenho de pessoas.
- Inclusão de novos equipamentos, tecnologias, mercados, culturas.
- Inclusão de novos clientes.
- Indicadores de clima organizacional.
- Novos produtos ou serviços.
- Mudanças nos programas de trabalho.

- Ocorrências de acidentes.
- Participação no processo de obtenção do Prêmio Nacional da Qualidade – PNQ.
- Perdas de clientes.
- Problemas de qualidade e de produtividade.
- Problemas relacionados com as pessoas.
- Redução de índices de rentabilidade.
- Reclamações de clientes.

3.4. Instrumentos para a Identificação das Necessidades

Pela sua natureza, as situações apontadas podem ser identificadas através de alguns instrumentos bastante efetivos, destacando-se:

- Avaliação de desempenho.
- Discussões em grupos.
- Entrevistas com pessoal de linha.
- Entrevistas com pessoal de supervisão e de gerência.
- Entrevistas de saída.
- Análise de índices de Recursos Humanos.
- Listagens de atividades desenvolvidas.
- Observação direta.
- Pesquisa de clima organizacional.
- Provas e testes.
- Questionários específicos.
- Resultados de avaliação de projetos de capacitação e desenvolvimento.
- Reuniões entre áreas de trabalho.
- Solicitações de supervisores e gerentes.

4. Estabelecimento de Objetivos

4.1. FUNDAMENTOS

Segundo Hammonds e Lamar, o processo de determinação de objetivos é, talvez, o mais importante de quantos estão implicados na educação, no treinamento e desenvolvimento de pessoas. Destes derivam outros elementos igualmente importantes.

Observamos que se fala em educação, capacitação e desenvolvimento, porquanto as origens dos estudos sobre objetivos de ensino ou objetivos de aprendizagem estão vinculadas à educação. Na verdade, o que fizemos ao longo dos anos foi uma adaptação da realidade educacional da escola à realidade de capacitação das empresas. É por esses motivos que hoje proliferam os cursos de Pedagogia Empresarial, onde profissionais de educação buscam oportunidade de trabalho no mundo das empresas.

Os objetivos de aprendizagem são o núcleo central de todo o planejamento bem elaborado de capacitação e desenvolvimento. É com base neles que definimos os melhores caminhos, meios e recursos para atingi-los, assim como os critérios de avaliação a serem adotados.

Os objetivos são importantes para o planejamento, para a programação e para a avaliação dos processos e dos resultados, pois é com base nos objetivos de aprendizagem, no planejamento e na programação que devemos iniciar as medidas preliminares com a avaliação dos projetos de capacitação e desenvolvimento.

Constata-se que o grande desperdício na capacitação e no desenvolvimento tem sido o desenvolvimento de projetos não precedidos de objetivos claramente definidos e resultantes de discussões sistematizadas entre os interessados, a começar dos clientes dos projetos, destinatários dos egressos dos mesmos.

Os objetivos de aprendizagem são efetivos quando nos fornecem uma base sólida para as seguintes ações ou etapas posteriores:
- Definição do conteúdo programático.
- Definição da metodologia.
- Formulação de provas, testes e outras verificações.

- Avaliação do sucesso do trabalho desenvolvido.
- Servir de referencial para participantes e facilitadores avaliarem os seus desempenhos.

4.2. OBJETIVOS GERAIS

Um objetivo geral de um projeto de T&D apresenta a visão abrangente do que se espera obter com o mesmo, em termos do seu propósito macro, sem se entrar em detalhes específicos. É o propósito global e amplo que se pretende alcançar, enfocando-se de forma mais precisa a organização como um todo, sem se cogitar de descrever os resultados com cada participante do projeto de T&D.

Como exemplos, podem ser indicados os seguintes objetivos gerais:

- "Aprimorar as competências dos operadores e caixa, objetivando tornar o processo de fechamento de uma compra um evento agradável para os clientes, levando-os à satisfação de suas necessidades, ao atingimento de seus objetivos e a repetir sua experiência".
- "Aprimorar as competências técnica, individual e grupal dos motoristas de ônibus, transformando-os em agentes de transportes coletivos que busquem transformar as viagens em experiências agradáveis para os passageiros".
- "Aprimorar os desempenhos dos professores permitindo-lhes ser padrões de referência em termos de excelência na utilização de técnicas e metodologias de ensino, com impactos positivos nos seus alunos, pais e responsáveis".
- "Aprimorar as competências dos agentes de segurança, permitindo-lhes desempenhar suas atividades de forma que suas presenças inspirem confiança e respeito, passando para os usuários das áreas o sentimento de segurança e tranqüilidade".

4.3. OBJETIVOS ESPECÍFICOS

Os objetivos específicos, também chamados de objetivos de aprendizagem ou objetivos de ensino, significam a descrição das condutas finais a serem demonstradas pelos egressos dos projetos de capacitação e desenvolvimento, como comprovação de que foram bem-sucedidos no processo pelo qual passaram. Os objetivos de aprendizagem devem-se referir ao processo de capacitação e desenvolvimento como um todo e a cada uma de suas etapas específicas.

Segundo Mager (1971:3),

> *"um objetivo é a descrição de uma conduta determinada que o participante deverá demonstrar".*

Em outras palavras, é um desempenho que desejamos que os participantes sejam capazes de exibir, antes de os considerar competentes. Um objetivo de aprendizagem descreve um resultado que se pretende alcançar através de um processo a ser desenvolvido pelo facilitador.

Enquanto os objetivos gerais dão a conhecer os macropropósitos do processo de treinamento e desenvolvimento, os objetivos específicos são de natureza predominantemente operacional e possuem as seguintes funções:

- Guiar a seleção e a organização dos conteúdos programáticos.
- Orientar a seleção e a organização dos procedimentos.
- Orientar a seleção dos recursos.
- Servir como principal base para a avaliação.

Quanto às premissas, às normas ou aos requisitos que devem estar presentes em um objetivo de aprendizagem, destacam-se:

- Descrever o rol de competências a serem desenvolvidas.
- Conter algum desafio motivador e desafiador.
- Conter os critérios de sua medida (desempenho).
- Descrever, com precisão, seu estado final (conduta final).
- Não serem adjetivados.
- Conter as condições sob as quais devem ser demonstrados.

- Diferir, sempre, de sonhos e delírios.
- Ser delimitado no tempo.
- Ser descrito com economia de palavras.
- Ser exeqüível.
- Ser uma trilha e não um trilho.
- Ser traduzido em nível de especificação (objetivo geral e objetivos específicos).

4.4. Estabelecimento e Redação de Objetivos

Os objetivos devem ser estabelecidos e redigidos de tal maneira que disponhamos de referenciais para verificar se, ao longo do processo, os mesmos estão sendo ou não atingidos e, em caso positivo, em que intensidade ou com que velocidade estão sendo alcançados. Por isso, os objetivos de aprendizagem devem ser amplamente divulgados, debatidos com todas as pessoas que participarão de sua consecução e aceitos como um desafio coletivo.

A Figura 12 procura retratar estas vinculações.

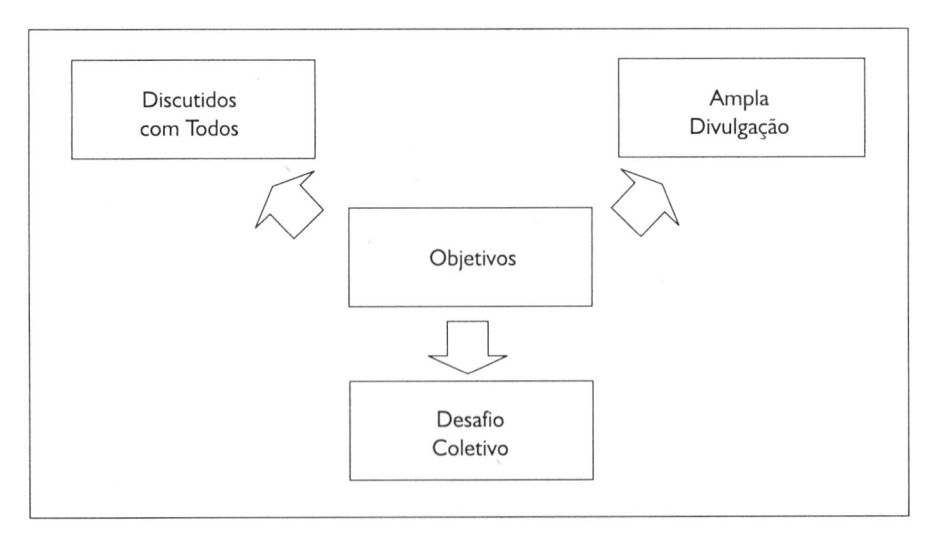

Figura 12 – Ações básicas sobre os objetivos de aprendizagem

No processo de redação dos objetivos de aprendizagem, cuidados especiais deverão ser tomados, pois um objetivo específico contém três elementos importantes, que deverão compô-lo sempre que for possível.

Tais elementos são:

- Conduta final.
- Condições.
- Padrão de desempenho.

No processo gradual de redação do objetivo, o primeiro elemento, a conduta final, aparecerá com a utilização dos verbos que demonstrem as condutas finais observáveis, mensuráveis ou palpáveis. Devemos utilizar verbos cujo significado seja claro e não se preste a múltiplas interpretações, tais como:

- **Escrever** textos em inglês...
- **Recitar** dois poemas de autoria de Castro Alves...
- **Identificar** pelo menos três critérios do Prêmio Nacional da Qualidade...
- **Desmontar** o equipamento XYZ...
- **Reparar** o sistema de freios do automóvel...
- **Construir** uma loja...
- **Ministrar** o medicamento M aos pacientes, dispondo das prescrições médicas...

Dando continuidade ao processo de redação, deverá ser acrescentado o segundo elemento à conduta final estabelecida. Trata-se da condição ou da situação debaixo da qual o treinando deverá demonstrar sua capacidade de exteriorizar a conduta final. Em outras palavras, a condição registra o que se fornece, permite-se ou proíbe-se ao treinando para que ele demonstre haver adquirido as competências previstas no projeto.

Observe-se como a redação poderá ser completada:

- **Escrever** textos em inglês, consultando o dicionário...

- **Recitar** dois poemas de autoria de Castro Alves, sem consultar o texto original...
- **Identificar** pelo menos três critérios do Prêmio Nacional da Qualidade, dispondo da literatura específica...
- **Desmontar** o equipamento XYZ, com base no Manual de Operação...
- **Reparar** o sistema de freios do automóvel, sem consultar qualquer manual...
- **Construir** uma loja, com base em seu projeto aprovado pela Prefeitura...
- **Ministrar** o medicamento M aos pacientes, dispondo das prescrições médicas...

Prosseguindo o processo de redação, o terceiro elemento deverá ser acrescentado para que a redação fique completa. Trata-se do padrão de desempenho que deverá ser demonstrado pelo participante do projeto, como prova de que atingiu ao mínimo esperado ou estabelecido para que alguém seja considerado aprovado ou com as aptidões requeridas.

O padrão de desempenho pode ser expresso em valores quantitativos, qualitativos, de quantidade ou de tempo e se constituirá no referencial de avaliação a ser adotado para efeito de aprovação do participante no projeto.

Completadas a redação e a inclusão do padrão de desempenho, observe-se o texto final dos objetivos específicos:

- **Escrever** textos em inglês, consultando o dicionário, com acertos mínimos de 80%.
- **Recitar** dois poemas de autoria de Castro Alves, sem consultar o texto original, em 20 minutos.
- **Identificar** pelo menos três critérios do Prêmio Nacional da Qualidade, dispondo da literatura específica, com acertos de 100%.
- **Desmontar** o equipamento XYZ, com base no Manual de Operação, com acertos de 90%.

- **Reparar** o sistema de freios do automóvel, sem consultar qualquer manual, com acerto de 100%.
- **Construir** uma loja, com base em seu projeto aprovado pela Prefeitura, em seis meses.
- **Ministrar** o medicamento M aos pacientes, dispondo das prescrições médicas, com 100% de precisão.

4.5. Transformando Objetivos em Ações de T&D

Transformar os objetivos de ensino em realidades de trabalho significa dispensar tratamento aos mesmos que sirvam de base para o desenvolvimento de todas as ações que façam com que as condutas finais se transformem em realidade e o projeto atinja seus objetivos. Em outras palavras, dispondo-se da lista de objetivos de um determinado projeto de T&D, resta agora responder a algumas perguntas básicas, tais como:

- O QUE FAZER?
  Em termos de que o conteúdo programático deverá ser desenvolvido ou que outras ações deverão ser implementadas para que os objetivos sejam atingidos.

- COMO FAZER?
  Em termos das metodologias mais adequadas a serem adotadas pelos instrutores e facilitadores que atuarão no projeto.

- QUEM FARÁ?
  Em termos dos integrantes da equipe que atuarão no projeto, sejam os docentes ou os demais profissionais que, em suas especialidades, atuarão conjuntamente.

- QUANDO SERÁ FEITO?
  Em termos de duração e épocas de realização das atividades, o que permitirá a elaboração do cronograma do projeto.

- QUANTO SE DESPENDERÁ?
  Em termos da lista de recursos a serem necessários para a condução do projeto. Tal lista, devidamente quantificada financeiramente, resultará no orçamento do projeto.

- ONDE SERÁ FEITO?
  Em termos da definição do local ou dos locais para o desenvolvimento de todas as atividades.

Responder a estas perguntas é de responsabilidade da atividade de planejamento, que compreende a previsão de ações necessárias para que o futuro se transforme em realidade e os objetivos sejam alcançados. Em outras palavras, a atividade de planejamento trabalha com base nos objetivos estabelecidos e se preocupa em viabilizar ações e recursos para que os mesmos possam ser alcançados.

5. Planejamento e Programação

5.1. Fundamentos

Poucas atividades têm recebido tanta atenção dos especialistas quanto o planejamento, suas aplicabilidades e vantagens. Parece que descobrimos, finalmente, que o planejamento é uma função de extremo valor e utilidade, como um mecanismo para se evitar falhas em toda e qualquer atividade.

O grau de acerto em qualquer segmento de negócio tem relação com a função da intensidade com que se planejou as ações desenvolvidas.

Para Martinez & Oliveira Lahone (1977),

> *"entende-se por planejamento um processo de previsão de necessidades e racionalização de emprego dos meios materiais e dos recursos humanos disponíveis, a fim de alcançar objetivos concretos, em prazos determinados e em etapas definidas, a partir do conhecimento e da avaliação científica da situação original".*

Esta conceituação é abrangente e aplicável a qualquer tipo de atividade ou ramo de negócio, inclusive às atividades de capacitação e desenvolvimento de pessoas. Assim, para efeito da análise ora feita, este conceito poderá servir como orientador e norteador das considerações a serem apresentadas.

Qualquer que seja o campo de aplicação do planejamento, existem alguns requisitos ou pressupostos que devem estar presente na sua formulação. Assim, podemos afirmar que, em capacitação e desenvolvimento, todo ato de planejamento requer:

- Conhecimento da realidade, suas urgências, necessidades e tendências.
- Definição de objetivos claros e significativos.
- Determinação de meios e recursos possíveis, viáveis e disponíveis.
- Definição de critérios e de princípios de avaliação.
- Estabelecimento de prazos e etapas para sua execução.

A atividade de treinamento e desenvolvimento em muito se assemelha às atividades de educação e esta dispõe de uma tecnologia bastante sedimentada e comprovadamente efetiva. Assim, é de bom tom buscarmos na área de educação alguns conceitos perfeitamente transponíveis para a capacitação e desenvolvimento, sobressaindo-se o de planejamento.

Segundo Menegola e Sant'Anna (1997), o ato de planejar é uma preocupação que envolve toda a possível ação ou qualquer empreendimento da pessoa. Sonhar com algo, de forma objetiva e clara, é uma situação que requer o ato de planejar. Ainda segundo os autores, todos fazem seus planejamentos. Tudo é pensado e planejar é uma exigência do ser humano: é um ato de pensar sobre um possível fazer viável. É como o homem pensa o seu "que fazer", o planejamento se justifica por si mesmo. A sua necessidade é a sua própria evidência e justificativa.

Estas observações também estão relacionadas com o treinamento e desenvolvimento de pessoas, para o qual o Planejamento Educacional é processo contínuo que se preocupa com o "para onde ir" e "quais as maneiras adequadas para se chegar lá". Têm-se por base a situação presente e as possibilidades futuras, para que o desenvolvimento da educação atenda tanto às necessidades do desenvolvimento da sociedade quanto às do indivíduo.

Enfim, o planejamento da aprendizagem é o processo de tomada de decisões bem informadas que visam à racionalização das atividades do facilitador e do participante, na situação ensino-aprendizagem. Isso possibilita melhores resultados e, em conseqüência, maior produtividade.

O planejamento do treinamento e do desenvolvimento é um conjunto de ações coordenadas entre si, que concorrem para a obtenção de resultados desejados, destacando-se:

- Assegurar uma aprendizagem efetiva e econômica.
- Conduzir os participantes ao alcance dos objetivos.
- Estabelecer o que será feito para conseguir tais resultados.
- Estabelecer como as atividades serão realizadas.
- Monitorar o andamento do processo educativo.
- Racionalizar as atividades do processo educativo.
- Estabelecer as metodologias de análise das situações.

5.2. Estruturação do Conteúdo Programático

O conteúdo programático consiste no elenco de temas, assuntos, dados, informações e competências a serem transmitidas aos participantes para que os objetivos sejam atingidos. É basilar que tenhamos em conta que o conteúdo programático é definido a partir dos objetivos de aprendizagem. Em outras palavras, é tudo que compartilhamos com os participantes para elevar-lhes as competências e posicioná-las em um nível adequado às necessidades da organização.

> **PARA SE ESTABELECER O CONTEÚDO PROGRAMÁTICO DE UM PROJETO DE CAPACITAÇÃO E DESENVOLVIMENTO DE PESSOAS, BASTA RESPONDER À SEGUINTE PERGUNTA: O QUE DEVE SER FEITO E TRANSMITIDO AOS PARTICIPANTES?**

Alguns princípios gerais devem ser observados durante a definição do conteúdo programático, a saber:

- O conteúdo programático deve estar diretamente ligado a cada objetivo específico de ensino e, no seu todo, ao objetivo geral.

- Devem ser inseridos conteúdos adicionais, que alarguem a visão dos participantes sobre os assuntos.

- O conteúdo programático deverá ser distribuído dentro de uma ordem lógica, seqüencial e de fácil entendimento.

- Os conteúdos programáticos são limitados pelo tempo disponível para o desenvolvimento do projeto específico.

Os princípios gerais apresentados mostram que transformar a lista de objetivos de ensino em conteúdo programático não é tarefa difícil, mas apresenta características de complexidade que exigem atenção dos profissionais de treinamento e desenvolvimento, dos especialistas no assunto e dos gerentes e supervisores das atividades.

A título de exemplo, as Figuras 13 e 14 apresentam duas situações nas quais listas de objetivos de ensino foram transformadas em conteúdos programáticos de projetos tentando-se observar os princípios citados.

Projeto: Desenvolvimento de Secretárias

Objetivos de Ensino	Conteúdo Programático
• Manter conversações pessoais em inglês e espanhol, com proficiência de 90%.	• Conversação em inglês e espanhol.
• Redigir textos em inglês e espanhol, com proficiência de 90%.	• Redação, leitura e compreensão de textos em inglês e espanhol.
• Organizar agendas de viagens dos executivos.	• Preparo e agendas de viagens.
• Utilizar a Internet em pesquisas, troca de correspondências e atividades afins, com proficiência de 100%.	• Utilização da Internet, em nível de usuário.
• Organizar eventos, tais como conferências, reuniões de negócios e exposições de produtos e serviços de 90%.	• Organização e eventos de negócios.
• Descrever a estrutura organizacional da empresa e enumerar seus principais executivos, com proficiência de 100%.	• Estruturação organizacional da empresa. • Localização física dos Departamentos e Serviços. • Identificação dos principais executivos.

Projeto: Desenvolvimento de Secretárias (cont.)

Objetivos de Ensino	Conteúdo Programático
• Secretariar reuniões.	• Elaboração de agendas de reuniões. • Convocação e participantes. • Secretariado das reuniões. • Elaboração da ata da reunião. • Distribuição da ata da reunião. • Monitoramento e cumprimento dos compromissos assumidos.
• Organizar agendas dos executivos.	• Elaboração e atualização de agendas de executivos. • Monitoramento do cumprimento da agenda.
• Preparar correspondências e monitorar respostas.	• Elaboração de correspondências • Monitoramento de respostas.
• Manter apresentação compatível com o cargo.	• Apresentação pessoal. • Etiqueta.
• Supervisionar equipes de colaboradores.	• Trabalho em equipe. • Relacionamento interpessoal. • Técnicas de operacionalização do trabalho. • Distribuição de atividades. • Coordenação de atividades.

Figura 13 – Relação entre objetivos de ensino e conteúdo programático

Projeto: Operadores de caixas de supermercado

Objetivos de Ensino	Conteúdo Programático
• Orientar a localização de mercadorias.	• *Layout* da loja. • Localização das mercadorias. • Alterações nas localizações de mercadorias.
• Empacotar mercadorias.	• Prevenção contra contaminações de mercadorias. • Características das embalagens. • Características das mercadorias. • Técnicas de empacotamento.
• Identificar e digitar códigos dos produtos.	• Sistema de codificação de produtos. • Técnicas de digitação.
• Registrar mercadorias.	• Registro por leitura óptica. • Registro manual.
• Processar recebimentos em cartões de crédito.	• Verificação visual de cartões de crédito.

Para fazer o melhor uso dos recursos humanos na situação de aprendizagem, o facilitador deve colocar os seus esforços na preparação de um sistema (entradas, processos e saídas), que permitirá que cada participante dê o melhor de si mesmo e obtenha o máximo rendimento, maximizando a sua capacidade de participação e de aprendizagem. Tal esforço está hoje grandemente facilitado pelos inúmeros recursos que a informática coloca à sua disposição.

Seja no passado ou nas situações tradicionais de ensino, o facilitador pode-se valer de metodologias bastante proveitosas, dependendo de cada situação que o mesmo enfrenta junto aos participantes de cada projeto de T&D, a saber:

- Palavras.
- Movimentos, figuras e amostras.
- Exemplos.
- Demonstrações de habilidades.
- Envolvimento dos participantes em ações.

Em todas as situações, no passado e ainda no presente, cada facilitador deve considerar cuidadosamente suas estratégias de aprendizagem com base nos seguintes motivos:

- Certas coisas podem somente ser aprendidas por meio de uma estratégia particular.
- A habilidade da mente humana para aprender pode ser utilizada ou desperdiçada de acordo com a estratégia.
- O facilitador é um forte agente no processo ensino – aprendizagem.
- Sem o envolvimento, a participação e o comprometimento dos participantes, poucas coisas poderão ser realizadas.
- Os participantes têm de estar a fim de aprender.

5.3.2. Classificação das Metodologias

Na análise dos diversos tipos de metodologias, vários autores, como é o caso de Barth e Martins (1996), M. Célia de Abreu e M. Masetto

Projeto: Operadores de caixas de supermercado (*cont.*).

Objetivos de Ensino	Conteúdo Programático
	• Operações automáticas com cartões de crédito. • Operações manuais com cartões de crédito. • Consultas às operadoras. • Processamento de recebimentos. • Entrega de comprovante e de cupom fiscal.
• Receber pagamento em dinheiro.	• Verificação visual da autenticidade das cédulas. • Processamento de recebimentos. • Processamento do troco. • Entrega de cupom fiscal.
• Receber pagamentos em cheques.	• Verificação visual da autenticidade dos cheques. • Consultas às entidades verificadoras dos cheques. • Processamento de recebimentos. • Entrega de cupom fiscal.
• Processar estornos por devolução de mercadorias.	• Processamento de estornos. • Registro de crédito dos clientes.
• Manter conversação em espanhol básico.	• Espanhol básico: leitura e conversação. • Vocabulário comercial de supermercados.
• Atendimento a clientes.	• Relacionamento interpessoal. • Comunicações. • Direitos e deveres dos consumidores.

Figura 14 – Relação entre objetivos de ensino e conteúdo programático

5.3. Estabelecimento da Metodologia

5.3.1. Fundamentos

No passado, dizia-se que o facilitador tinha dois recursos principais: ele próprio e os seus participantes para o cumprimento de sua missão. Nas atuais situações tradicionais de treinamento e desenvolvimento, ainda é verdade que os facilitadores e os participantes têm a mesma quantidade de tempo disponível, ou seja, a duração das atividades conjuntas entre docentes e discentes, das aulas ou das sessões de treinamento e desenvolvimento.

Projeto: Desenvolvimento de Secretárias *(cont.)*

Objetivos de Ensino	Conteúdo Programático
• Secretariar reuniões.	• Elaboração de agendas de reuniões. • Convocação e participantes. • Secretariado das reuniões. • Elaboração da ata da reunião. • Distribuição da ata da reunião. • Monitoramento e cumprimento dos compromissos assumidos.
• Organizar agendas dos executivos.	• Elaboração e atualização de agendas de executivos. • Monitoramento do cumprimento da agenda.
• Preparar correspondências e monitorar respostas.	• Elaboração de correspondências • Monitoramento de respostas.
• Manter apresentação compatível com o cargo.	• Apresentação pessoal. • Etiqueta.
• Supervisionar equipes de colaboradores.	• Trabalho em equipe. • Relacionamento interpessoal. • Técnicas de operacionalização do trabalho. • Distribuição de atividades. • Coordenação de atividades.

Figura 13 – Relação entre objetivos de ensino e conteúdo programático

Projeto: Operadores de caixas de supermercado

Objetivos de Ensino	Conteúdo Programático
• Orientar a localização de mercadorias.	• *Layout* da loja. • Localização das mercadorias. • Alterações nas localizações de mercadorias.
• Empacotar mercadorias.	• Prevenção contra contaminações de mercadorias. • Características das embalagens. • Características das mercadorias. • Técnicas de empacotamento.
• Identificar e digitar códigos dos produtos.	• Sistema de codificação de produtos. • Técnicas de digitação.
• Registrar mercadorias.	• Registro por leitura óptica. • Registro manual.
• Processar recebimentos em cartões de crédito.	• Verificação visual de cartões de crédito.

- O conteúdo programático deve estar diretamente ligado a cada objetivo específico de ensino e, no seu todo, ao objetivo geral.
- Devem ser inseridos conteúdos adicionais, que alarguem a visão dos participantes sobre os assuntos.
- O conteúdo programático deverá ser distribuído dentro de uma ordem lógica, seqüencial e de fácil entendimento.
- Os conteúdos programáticos são limitados pelo tempo disponível para o desenvolvimento do projeto específico.

Os princípios gerais apresentados mostram que transformar a lista de objetivos de ensino em conteúdo programático não é tarefa difícil, mas apresenta características de complexidade que exigem atenção dos profissionais de treinamento e desenvolvimento, dos especialistas no assunto e dos gerentes e supervisores das atividades.

A título de exemplo, as Figuras 13 e 14 apresentam duas situações nas quais listas de objetivos de ensino foram transformadas em conteúdos programáticos de projetos tentando-se observar os princípios citados.

Projeto: Desenvolvimento de Secretárias

Objetivos de Ensino	Conteúdo Programático
• Manter conversações pessoais em inglês e espanhol, com proficiência de 90%.	• Conversação em inglês e espanhol.
• Redigir textos em inglês e espanhol, com proficiência de 90%.	• Redação, leitura e compreensão de textos em inglês e espanhol.
• Organizar agendas de viagens dos executivos.	• Preparo e agendas de viagens.
• Utilizar a Internet em pesquisas, troca de correspondências e atividades afins, com proficiência de 100%.	• Utilização da Internet, em nível de usuário.
• Organizar eventos, tais como conferências, reuniões de negócios e exposições de produtos e serviços de 90%.	• Organização e eventos de negócios.
• Descrever a estrutura organizacional da empresa e enumerar seus principais executivos, com proficiência de 100%.	• Estruturação organizacional da empresa. • Localização física dos Departamentos e Serviços. • Identificação dos principais executivos.

(1990), propõem classificações dos métodos de acordo com os objetivos da aprendizagem.

Na mesma esteira de pensamento, neste capítulo seguiremos a linha de raciocínio e acolher-se-á a classificação proposta por Auren Uris (1966) e por Bíscaro (1999), que identificam quatro caminhos ou modos e formas de se aprender. Ressalve-se, entretanto, que alguns profissionais têm reservas quanto à categoria denominada "Aprender pelo desenvolvimento do espírito", em função de parecer muito subjetiva, ao passo que outros autores a aceitam naturalmente. A respeitabilidade de Bíscaro e de Uris levam os autores a apresentar a classificação dos mesmos, competindo aos leitores formularem os seus juízos de valor.

Auren Uris classifica os esforços de desenvolvimento em quatro categorias:

- Aprender pela experiência.
- Aprender pela simulação.
- Aprender pela teoria.
- Aprender pelo "desenvolvimento do espírito".

Cada uma dessas categorias comporta as mais diversas modalidades de aplicação de um dado recurso metodológico básico predominante (uma determinada metodologia de capacitação e de desenvolvimento):

- A própria situação de trabalho (no local de trabalho).
- A imitação da realidade de trabalho.
- Os conceitos e palavras transmitidos por um facilitador presencialmente.
- Os conceitos e palavras transmitidos por um facilitador à distância.
- O comportamento humano e sua modificação.
- Os conceitos, dados e informações transmitidos por meios eletrônicos.

Cada uma das categorias assinaladas por Uris representa um caminho possível para se maximizar a aprendizagem dos participantes de projetos de capacitação e desenvolvimento de naturezas diferentes. Segundo Biscaro (1999), são caminhos quase sempre paralelos, mas que às vezes se cruzam, outras vezes se superpõem e outras vezes ainda se fundem, mantendo, no entanto, suas características essenciais.

De todas essas colocações feitas, resulta uma forma de classificar essa modalidades em quatro grandes orientações metodológicas. Cada uma delas comporta uma variedade de técnicas mais ou menos numerosa:

- Método prático ou aprender fazendo.
- Método conceitual ou aprender pela teoria.
- Método simulado ou aprender imitando a realidade.
- Método comportamental ou aprender por desenvolvimento psicológico.

Ressalva-se que cada uma das modalidades acima pode ser realizada de forma presencial ou a distância, com a ressalva de que a modalidade a distância encontra maiores barreiras ou restrições, mas não necessariamente impossibilidade, no método comportamental ou aprender por desenvolvimento psicológico, em função dos seus objetivos e da necessidade de presença do facilitador. Por este motivo, a abordagem das formas de ensino a distância serão tratadas de forma separada no presente capítulo, com ênfase especial nos aspectos de não presença física do facilitador ao lado do participante, mas sim à distância.

5.3.3. Critérios Prioritários

Denominamos critérios prioritários aqueles mais imediatamente relacionados com dois focos básicos da atividade de capacitação e desenvolvimento, a saber:

- Objetivos de capacitação e desenvolvimento, em termos de condutas finais a serem demonstradas pelos participantes de um projeto.
- Perfil da população a ser atendida pelos referidos projetos.

Por sua vez, os objetivos de capacitação e desenvolvimento respondem às seguintes perguntas:

- O que pretendo ou que mudanças quero que aconteçam ao final de cada projeto?
- Que nível de profundidade ou grau de mudança pretendo atingir na conduta do participante?

Conforme a resposta que se queira obter, é preciso adequar a metodologia para que seja possível chegar aos objetivos pretendidos, tais como:

- Assimilação de informações de normas de trabalho, de conteúdo de natureza legal, de conhecimentos técnicos, de componentes de um determinado conjunto, de integrantes de uma determinada comunidade etc.
- Aquisição de habilidades técnicas, administrativas, de comando, de negociação, de relacionamentos etc.
- Aumento da capacidade criativa.
- Aperfeiçoamento do trabalho em equipe.
- Assimilação e aceitação de novos valores.

5.3.4. Critérios Gerais

Segundo Bíscaro (1999), para ajustar a capacitação e o desenvolvimento dos colaboradores, devemos avaliar sua extensão, sua profundidade, sua pertinência e sua permanência. Dessa avaliação podem resultar as seguintes categorias, que funcionarão como subcritérios para a elaboração dos planos de capacitação e desenvolvimento: continuidade, sazonalidade, gravidade, abrangência ou amplitude e emergência.

5.3.5. Análise das Principais Metodologias

a) *Aprender fazendo*

Provavelmente, o método "aprender fazendo" deva ser considerado o mais antigo dos métodos, pelo menos em sua forma não-sistematizada. Por exemplo, os textos bíblicos do Antigo Testamento registram diversas situações em que os mais novos aprendiam executando tarefas determinadas pelos mais velhos. Outrossim, quando o apóstolo São Paulo endereçou uma de suas cartas ao jovem Timóteo (I Timóteo 1:3-7,18-19, 3:2 e 5:1-2)) o exortou a que instruísse os habitantes de Éfeso através da preceituação pelo exemplo do fazer.

Ainda segundo Bíscaro (1999), já na Idade Média, havia todo um ritual destinado à formação dos aprendizes de ofício, desde seu ingresso na oficina até o atingimento do posto de oficial. Para chegar à categoria de mestre, um oficial deveria percorrer muitas cidades, conhecer formas diferentes de produção e só voltar à sua cidade de origem quando se sentisse capaz de demonstrar perante sua agremiação de ofícios que poderia exercer a mestria.

Rodízio (Job rotation)

Trata-se de uma das formas mais eficazes de formação profissional. No início, o rodízio consistia em utilizar o colaborador apenas em tarefas simples e repetitivas. Atualmente, esse esquema é amplamente utilizado para formar profissionais polivalentes em todos os níveis, inclusive os gerenciais, como se constata na maioria das empresas que desenvolvem esquemas de rodízios de colaboradores em várias áreas de atividades, locais e funções, para que adquiram as diferentes percepções de situações semelhantes e diferentes, na realização de suas atividades, até serem alocados em um posto fixo. O rodízio prevê que o colaborador permaneça um determinado tempo em cada atividade, até cumprir um ciclo definido.

Estágios profissionais

Com características semelhantes ao rodízio, ainda que em sua conceituação oficial e mais generalizada, o estágio destina-se ao jovem profissional que necessita passar da teoria para a situação prática empresarial. Esse conceito pode e deve ser entendido a profissionais veteranos, especialmente nos casos de assimilação de novas tecnologias, como no caso da informática das estratégias de gestão e de relacionamentos com clientes e fornecedores. Um dos exemplos mais interessantes da necessidade de estágio é aquele dos empregados da PETROBRAS que ficam cerca de um ano como estagiários, findo os quais se fixam em definitivo na empresa.

Delegação

A delegação é uma das mais importantes metodologias de aprender fazendo, porquanto se delega poder e autoridade, permanecendo a responsabilidade perante os superiores com o delegante. Este se obriga a permanecer monitorando o delegado e lhe assistindo durante o tempo da delegação, instruindo-o e capacitando-o para que tome decisões acertadas.

Cuidados devem ser tomados no sentido de orientar o delegado no sentido de que o mesmo é responsável perante o delegante. Também devem existir orientações normativas para delegação, tais como os limites de autoridade e de responsabilidade que devem estar presentes.

Benchmarking

A metodologia de aprendizagem denominada *benchmarking* remonta aos primórdios da civilização, quando os exércitos, como forma de aprendizagem, buscavam conhecer o maior número possível de informações sobre o estágio das operações dos exércitos inimigos, assim como sobre suas condições favoráveis e desfavoráveis. Com base nisso, aperfeiçoavam os seus esquemas de ataques aos seus pontos frágeis. Assim, nos ambientes competitivos entre as organizações, torna-se propício o emprego desse método de aprimoramento (Krause, 1996 e Marshall Júnior, 2005).

Benchmarking é um processo contínuo e sistemático para avaliar produtos, serviços e processos de trabalho de organizações que são reconhecidas como representantes das melhores práticas, com a finalidade de melhoria organizacional. À medida que são realizadas comparações entre empresas, os participantes dos projetos de treinamento e desenvolvimento têm oportunidade de aprender novas técnicas e metodologias, ao observarem a experiência de líderes de mercado e de indústria bem-sucedida, com o fim de extrair dela algum aprendizado que venha a melhorar os próprios padrões de desempenho.

Os estudiosos do assunto concordam que essa metodologia de capacitação e desenvolvimento:

- Deve ser entendida como ação contínua, permanente.
- Permitirá o acesso a informações valiosas.
- Pode ser entendida como um constante aprendizado.
- Exige cuidado planejamento, pelo envolvimento de valores expressivos em cada ação.
- Não é um modismo.

Participações em eventos ocasionais

Trata-se aqui do aproveitamento de certas circunstâncias normalmente imprevisíveis e extraordinárias, mas que fogem à rotina e acabam sendo uma oportunidade real de desenvolvimento dos profissionais. São exemplos bastante recentes os casos de salvamento das vítimas das ondas gigantes que assolaram a Indonésia, o Ceilão, a Índia e Nova Orleans, como formas de capacitação emergencial de equipes de salvamento. Dessa forma, a operação de recuperação econômica da indústria Parlamat que hoje já opera normalmente. Participar do esforço de recuperação daquela empresa certamente foi uma extraordinária experiência de capacitação e de desenvolvimento para os que dela participaram.

Capacitação em serviço (On the job training)

É aquele que tem como principais objetivos:

- Integrar o novo colaborador ao seu grupo de trabalho e às tarefas que desempenhará, nos casos de projetos de ambientação ou de indução de novos colaboradores.
- Melhorar a capacidade de cada colaborador no desempenho de suas atuais funções. Algumas organizações os denominam de projetos de aperfeiçoamento.
- Instruir os colaboradores de uma determinada área ou atividade, capacitando-os a exercer outras funções do mesmo nível ou a assumir cargos de níveis mais elevados, com conseqüente alargamento da competência profissional.

Em muitas situações, estes projetos de capacitação e desenvolvimento não ocorrem no ambiente de trabalho e, sim, antes de o colaborador iniciar suas atividades, quando ele deverá estar devidamente preparado, fora da linha de produção, para executar determinadas atividades.

Aprendizagem profissional

Metodologia necessária para a qualificação profissional de pessoas sem qualquer habilitação, em vias de ingressar no mercado de trabalho em uma determinada profissão, em nível inicial ou relativamente elevado, formando-se quadros profissionais mais qualificados, que demande um esforço maior por parte das empresas, do governo e da sociedade. Neste campo, tem sido muito valiosa a atuação dos SENAI, SENAC, SENAR, SENART, Escolas Técnicas e outros de igual porte, que são entidades de "aprendizagem" inicial, mas que atualmente desenvolvem projetos de aperfeiçoamento para trabalhadores já qualificados.

Simulação, nas mesmas condições da realidade de trabalho

É o aprender fazendo em situações simuladas, porém revestidas das mesmas condições das situações de trabalho. Como exemplos, tem-se a utilização de simuladores de vôos para pilotos de aviões, de navegação para pilotos de navios, de condições aéreas para pára-quedistas e outros.

Demonstração

O desempenho deste método é mais útil no ensino de habilidades manuais e de habilidades mental simples ou de rotinas elementares (montagens, desmontagens, ações padronizadas, comportamentos repetitivos). Para obterem-se melhores resultados, o planejamento de instrução, com o método demonstração-desempenho, deve incluir o estabelecimento do objetivo do programa e a determinação do resultado específico da aprendizagem, o equipamento escolhido para a demonstração, o ensaio da demonstração e da explanação e o preparo de uma introdução para a demonstração propriamente dita.

b) *Aprender por conceitos*

São inúmeras as formas de utilização da palavra como meio de transmitir e fixar conhecimentos, destacando-se os relacionados a seguir:

Explanação ou exposição oral – simples ou com apoio audiovisual

O essencial nessa técnica é a presença de um comunicador ou repassador de conceitos que empregue a palavra como veículo principal, com predominância da palavra oral. As aulas expositivas, as aulas magnas, as conferências e as palestras fazem parte desse bloco.

É um método flexível e valioso de instrução, mas o seu uso eficiente exige intenso preparo e o facilitador deve procurar refletir sobre o assunto a ser exposto, efetuar leituras, entrevistar pessoas que trabalham em áreas relacionadas com sua disciplina. Com isso, já poderá desenvolver a sua exposição.

A chave do sucesso na construção de uma exposição reside em sete passos, a saber:

- Definir o exato objetivo a ser alcançado.
- Caracterizar a clientela para determinar o seu perfil.
- Organizar o material com base nos interesses e nos conhecimentos dos participantes.
- Dividir a palestra em idéias homogêneas.
- Limitar a quantidade do material que a audiência pode assimilar.
- Especificar cada ponto.
- Ensaiar a palestra.

Conferência

Propõe-se a disseminar temas específicos de interesse da organização e sobre os quais ela deseja que os participantes demonstrem domínio de conhecimento e de argumentação. Para isso, contrate um especialista no assunto e o solicite que discorra sobre o mesmo, destacando seus pontos fundamentais. Tal qual nas exposições orais, a preparação prévia é fundamental, para o que um representante da organização deverá articular-se previamente com o conferencista e negociar com ele os principais tópicos a serem abordados, a orientação para os debates a serem abertos, os possíveis esclarecimentos posteriores de dúvidas, o tempo da conferência e dos debates e outras questões de igual importância.

Debate cruzado

Também chamado de "pinga-fogo" ou "grupo de oposição", esta técnica verbal é empregada com pelo menos duas finalidades: interessar e envolver um grupo em determinado tema que será em seguida explanando ou debatido; e sensibilizar o grupo no sentido de saber ouvir ou mesmo de levá-lo a refletir a questão da competição. Uma sessão "pinga-fogo" necessita de um moderador bastante habilitado para manter os debatedores dentro de uma disciplina proveitosa.

Discussão dirigida

Caracteriza-se pela existência de um fato, uma situação ou um problema que necessita de discussões e ações sobre os mesmos, pela atuação mais incisiva e orientadora do facilitador. Este deverá manter os pensamentos do grupo voltados para a solução dos problemas discutidos, das idéias e dos princípios que devam ser adotados para as referidas soluções. A função do facilitador é manter os pensamentos do grupo voltados para a solução do problema, geração de idéias e de princípios que devam ser adotados nas situações estudadas e, sobretudo, nas soluções propostas.

Estudo dirigido

Tipo de metodologia grupal e participativa nos projetos de capacitação e desenvolvimento. Recomenda-se a leitura prévia de textos e respectivos esquemas de verificação de leitura, seguidas de elaboração de perguntas, pelos próprios participantes, a partir de leituras indicadas.

Instrução programada

Quando o objetivo de uma capacitação concentra-se na aquisição e retenção de conhecimentos a respeito de uma disciplina bem dimensionada e com limites bem definidos, o recurso à instrução programada é um dos mais eficazes para a capacitação e o desenvolvimento.

Painel

Trata-se de uma forma de preleção mais sofisticada que envolve mais de um expositor. Diante de um auditório, um tema é tratado sob diferentes pontos de vista. Três ou no máximo quatro especialistas colocam para os ouvintes seus pontos de vista, confrontando-os entre si. Compete a um moderador, previamente selecionado entre os conhecedores do assunto, controlar as intervenções de cada apresentador e promover a integração entre os mesmos, ainda que seja em situação em que haja divergência entre os mesmos.

A platéia encaminha perguntas e comentários para os painelistas, competindo aos mesmos responder ou esclarecer seus pontos de vista. A essência do painel é a participação coletiva e a polêmica.

Simpósio

Difere do painel porque não prevê a polêmica entre os expositores ou apresentadores. Neste caso, o número de expositores é mais flexível que nos do painel.

Seminário

Um seminário é estruturado para debater um assunto, um tema, uma situação ou um fato sobre os quais não há uma resposta única anda tida como correta ou definitiva.

Podemos dizer que o propósito de um seminário é promover reflexões dos participantes para que assumam uma posição definida e se posicionem sobre o tema em debate. Um seminário se propõe a ser um unificador de pensamentos e de posições sobre um tema escolhido e, normalmente, é freqüentado por pessoas em busca de verdades consensadas e tidas como definitivas sobre um tema específico.

Estudo de caso

Os participantes recebem para análise uma situação-problema real ou hipotética, cotidiana ou eventual, sob os prismas técnico, gerencial ou administrativo.

Na metodologia de estudo de caso, o facilitador procura colocar o participante em contato com situações práticas, organizacionais ou não, técnicas ou não, que listam conceitos e técnicas.

Um caso é uma descrição de uma situação ou problema, administrativo ou não, que exige análise ou decisão. O caso focaliza uma situação – empresa, evento, pessoa, decisão – que representa uma oportunidade de aprendizagem. A situação é apresentada na forma de um relato que é idealmente acompanhado por notas de aula, que são usadas pelo facilitador como guia de aplicação.

c) *Aprender por simulação*

Ainda que a utilização da aprendizagem por imitação da realidade fosse relativamente nova nas organizações, já trazia consigo uma velha tradição em certos estamentos sociais: a capacitação militar, a formação clerical, o adestramento dos artesãos e muitos outros exemplos de educação profissional.

Dramatizações (Role-playing)

É uma técnica de amplo uso na capacitação em relações interpessoais. A essência desta técnica está no revezamento de papéis; pertence ao mesmo grupo das dramatizações ou jogos dramáticos. É uma técnica que permite uma variação enorme de forma de uso, como quando o grupo sendo desenvolvido é dividido em diversos grupos de três pessoas, em que, por exemplo, dois atuam e um se limita a observar, com revezamento nos papéis.

Dinâmica de grupo

Dinâmica de grupo envolve um conjunto de técnicas utilizadas para o descobrimento e desenvolvimento de habilidades e potenciais individuais e/ou grupais, e das relações intra e interpessoais.

A dinâmica de grupo facilita a tomada de consciência do indivíduo, amplia seus horizontes de visão, estimula a mudança atitudinal e comportamental, não somente pela reflexão individual, mas também pela "troca" com os demais participantes do grupo.

Jogos de empresa

De todas as modalidades de simulação em sala de aula, com certeza, o jogo de empresa é o mais sofisticado pela soma de recurso que usa, além de ser mais envolvente.

A maior parte dos jogos de empresa existente destina-se à formação gerencial tanto em nível de preparação de futuros gerentes como em nível de aperfeiçoamento. É um recurso de capacitação caro em função da quantidade de monitores envolvidos, do uso de equipamentos de informática e do tempo do colaborador.

Dizemos que o jogo é um exercício que tem normas preestabelecidas e que, para participar, os integrantes devem concordar com elas. Pode haver limites de tempo e/ou espaço; há início, meio e fim e pressupõe perda e ganho, ou seja, há competição entre os participantes, aceitando-se situações conclusivas em que ambas as partes se sentem ganhadoras. É a situação GANHA-GANHA. O ganha-ganha é o melhor resultado que se pode esperar quando se utiliza o jogo em dinâmica de grupo.

Projeto

Metodologia destinada principalmente à formação gerencial. Revela-se uma das mais eficazes. A elaboração do projeto exige reflexão, estudo, consulta, interpretação de cenários, capacidade de projetar cenários futuros. É uma técnica que desenvolve não só o senso prático, mas também o raciocínio lógico e a criatividade.

T-grupo (Training-group)

Baseado na força do *feedback* para modificar os comportamentos das pessoas, quando o mesmo é bem feito em termos de pertinência, tempestividade e fundamentação. Iniciou-se com os estudos de Kurt Lewin, em 1946, em uma experiência com educadores, quando ele e seus colaboradores perceberam aquela característica da realimentação orientada para permitir-lhes processá-la e dela auferir benefícios de naturezas comportamentais.

Orientados por facilitador externo, que orienta e intervém sempre que necessário, os grupos se reúnem para a análise de temas específicos, dialogam, discutem, criticam, fazem demonstrações de sentimentos e são orientados a chegarem a conclusões.

d) *Ensino a distância*

Introdução

A expansão de muitas empresas deu origem a filiais, a sucursais ou a agências em regiões relativamente distantes, inclusive no exterior. Outrossim, enviar facilitadores para tais lugares quase sempre representa custos mais elevados, já que os gastos com passagens, diárias e hospedagens são muitos onerosos, com os quais nem sempre as organizações podem arcar. Em decorrência, isso dificulta a atuação dos órgãos de capacitação de pessoal, principalmente quando essas unidades longínquas não possuem um número de colaboradores que justifique a criação de um setor de capacitação local.

Assim, muitas organizações empresariais, para melhorar o desempenho de sua mão-de-obra, organizaram sistemas de capacitação a distância para capacitar e aperfeiçoar seu pessoal territorialmente mais afastado. Assim, adotaram formas de atuação que permitissem principalmente:

- Levar a capacitação ao local de trabalho do participante.
- Individualizar o processo de aprendizagem.
- Atender simultaneamente a grande número de participantes.

Antes de adotar tal sistema de capacitação, é sempre aconselhável levar em consideração:

- Nem todos os assuntos podem ser tratados pela educação a distância.
- Seu emprego deve ser precedido de um estudo de viabilidade.
- O grau de aceitação dos participantes.

A definição de educação a distância é a de que a informação ou a fonte de conhecimento estão separadas do participante ou do professor em Tempo e Espaço, como se procura demonstrar na Figura 15.

A própria definição de educação a distância (EAD) como autocapacitação reforça sua importância, pois o participante estará aprendendo conforme o seu próprio ritmo, interesse e motivação. Um sistema de capacitação com foco no participante deve ser extremamente bem elaborado para estimular o comprometimento do mesmo.

Em situações atuais de sala de aula, todo o foco está no apresentador, e os participantes ouvem o que é dito e interagem quando são solicitados ou têm uma dúvida ou algo a acrescentar, configurando uma atitude passiva. Na maior parte do tempo, quando não estão distraídos, estão prestando atenção ao que acontece ao seu redor para assimilar o máximo possível daquela atividade conduzida presencialmente.

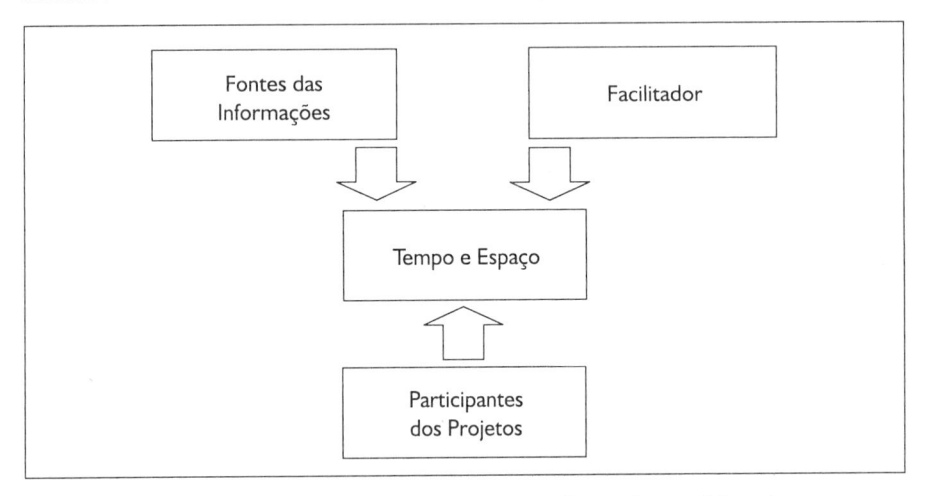

```
┌─────────────────────────────────────────────────┐
│   ┌─────────────┐           ┌─────────────┐     │
│   │ Fontes das  │           │ Facilitador │     │
│   │ Informações │           │             │     │
│   └─────────────┘           └─────────────┘     │
│           ⬇                        ⬇            │
│         ┌───────────────────────────┐           │
│         │     Tempo e Espaço        │           │
│         └───────────────────────────┘           │
│                     ⬆                           │
│              ┌──────────────┐                   │
│              │ Participantes│                   │
│              │ dos Projetos │                   │
│              └──────────────┘                   │
└─────────────────────────────────────────────────┘
```

Figura 15 – Tempo e espaço como separadores de participantes, facilitadores e fontes de informações

e) *Tecnologias interativas para capacitação e desenvolvimento*

O computador, os periféricos e a informática, a cada dia, apresentam novas possibilidades de uso. O primeiro grande salto em sua utilização interativa foi a multimídia, que reúne vários recursos de áudio, imagem, som, texto e animações gráficas em um único meio, permitindo aos participantes e aos facilitadores um rendimento bem mais intensivo e melhores resultados. Por sua vez, o CD-ROM é o instrumento de mídia que possibilita todas essas mudanças.

Trazendo essa realidade para o mundo da capacitação e do desenvolvimento, e considerando que uma das preocupações é manter o foco no participante, estimulando sua sagacidade e curiosidade, este cenário traz segurança aos facilitadores e os encorajam à experiência do aprendizado. Esta modalidade de aplicação é conhecida como Capacitação Baseado no Computador CBT *(Computer Based Traning)*.

A fácil comunicação com outras pessoas e ambientes abre caminho para uma aplicação estimulante e prática. O que antes parecia distante hoje é realidade. Participantes podem-se comunicar diretamente com outras pessoas e professores, tudo através da conexão e a longas distâncias, encurtando as barreiras de tempo e de espaço, como se todas as partes do mundo fossem uma só e sequer existissem os fusos horários.

Capacitação on-line (e-learning)

O *e-learning* é o aprendizado remoto com a utilização de algum meio de comunicação. Hoje, com o advento e a popularização da Internet, pode-se simplificar o conceito dizendo que o *e-learning* é o aprendizado via Internet, uma linguagem comum a todas as pessoas em todos os locais, idades, segmentos de negócios, propósitos ou graus de escolarização.

Vários componentes estão incluídos neste processo:

- Conteúdo da aprendizagem em diversos formatos.
- Controle e gerenciamento do uso da experiência do aprendizado via *e-learning*.
- Existência dos mais variados tipos de provedores.
- Uma comunidade em rede, formada por participantes, geradores de conteúdo especialistas.

O *e-learning* permite aprendizado mais rápido, a custos mais reduzidos, com uma clara responsabilidade de todos os envolvidos neste processo.

Os participantes estão livres para estudar no seu próprio ritmo, independentemente de onde estejam; são responsáveis pelo seu próprio progresso.

Os facilitadores têm cada vez mais liberdade para inovar em termos de conteúdos e de metodologias, oferecendo cada vez maiores leques de opções para que os participantes optem por aquelas que lhes pareçam as mais agradáveis.

As empresas podem ter benefícios ao acompanhar a evolução dos colaboradores e ao programar o preparo da força de trabalho.

5.4. Estruturação da equipe

5.4.1. Facilitadores ou Instrutores

Sabemos que uma das principais tarefas do facilitador é suprir as condições e os meios para que cada participante possa exercer e desenvolver suas habilidades e auferir os melhores resultados do processo de capacitação e desenvolvimento. Afortunadamente para os que têm acesso às modernas tecnologias, estas tarefas estão grandemente simplificadas para os facilitadores e para os participantes.

O primeiro deles diz respeito às suas competências que podem ser de três tipos, a saber:

```
┌─────────────────────────────────────────────────────────┐
│   ┌──────────────┐                   ┌──────────────┐   │
│   │ Competência  │    ⇐      ⇒       │ Competência  │   │
│   │   Técnica    │         ⇓         │   Didática   │   │
│   └──────────────┘                   └──────────────┘   │
│                    ┌──────────────┐                     │
│                    │ Competência  │                     │
│                    │  Relacional  │                     │
│                    └──────────────┘                     │
└─────────────────────────────────────────────────────────┘
```

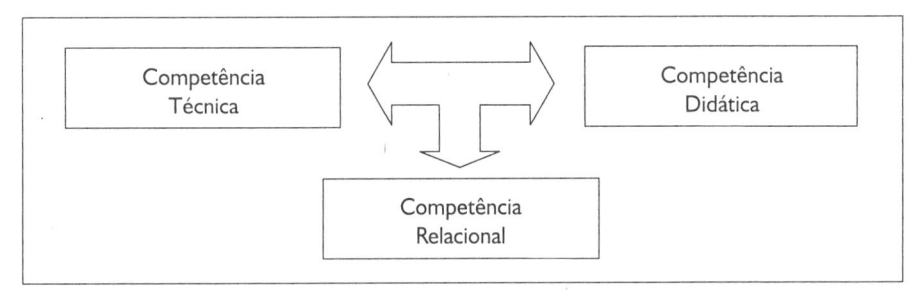

Figura 16

Enquanto a competência técnica está relacionada com o domínio dos assuntos sobre os quais se propõe a lecionar ou a facilitar a aprendizagem, a competência didática está relacionada com a sua capacidade de transmitir com proficiência os assuntos sobre os quais deve deter conhecimentos. Já a terceira competência está vinculada aos padrões de qualidade dos relacionamentos que consegue manter com o grupo de treinandos, levando-os a terem prazer em relacionar-se com o facilitador.

O segundo está vinculado aos focos para os quais o facilitador direciona a sua atenção e o seu esforço docente. Novamente aqui, manter o equilíbrio se faz mister e o facilitador é desafiado a atuar como um equilibrista, não pendendo para qualquer um dos lados, sob pena de parecer tendencioso quando os treinandos esperam dele uma posição neutra e independente, que a todos satisfaz e contenta.

Analisando este foco, temos os seguintes direcionamentos:

```
┌─────────────────────────────────────────────────┐
│   ┌──────────────┐                ┌──────────┐  │
│   │   Foco no    │ ⇐====⇒          │Diretividade│ │
│   │  Treinando   │      ⇓         │          │  │
│   └──────────────┘                └──────────┘  │
│              ┌──────────────┐                   │
│              │   Foco nos   │                   │
│              │   Objetivos  │                   │
│              └──────────────┘                   │
└─────────────────────────────────────────────────┘
```

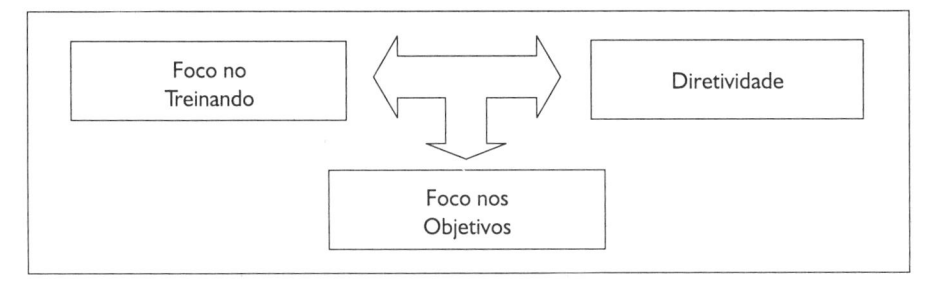

Figura 17

O foco no treinando significa que para o facilitador o participante discente do projeto deve ser o centro de suas atenções, a sua preocupação maior deverá ser de levá-lo às transformações de conhecimentos, habilidades e atitudes pretendidas. A diretividade significa que o facilitador deve manter as rédeas de todo o processo e transmitir as suas orientações com firmeza e convicção, pois se supõe que o mesmo é uma autoridade no assunto. Mesmo permitindo e incentivando a participação de todos e as livres manifestações de opiniões, cabe ao facilitador direcionar os rumos dos assuntos a serem abordados.

Do ponto de vista de foco nos objetivos, o facilitador deve considerar sempre o programa a ser cumprido e uma lista de objetivos de ensino a serem atingidos com os participantes.

Ao se decidir por uma das alternativas de metodologias de ensino, o facilitador sabe que estará entrando em uma seara diferente e que poderá enfrentar dificuldades decorrentes das diferenças individuais dos participantes, dos diversos tipos de situações a serem enfrentados e da sua própria habilidade de promover o processo de transformação dos participantes nas formas de pensar, agir ou expressar-se, como se demonstra na Figura 18.

Por parte dos participantes, o facilitador deve levar em consideração que cada um deles está sujeito aos diferentes ritmos de seus estilos pessoais e dos seus colegas de classe, não se podendo pretender uma turma 100% homogênea. Em outras palavras, tratar com diferenças individuais e diferentes graus de rendimento é uma realidade inevitável na vida de cada facilitador, que exigirá dele novas e melhores metodologias para enfrentar cada situação.

É exatamente neste momento que começa a importância de se considerar um grande elenco de variedades de metodologias de aprendizagem que são disponibilizadas para cada facilitador. Isso permite desempenhar a contento seus inúmeros papéis.

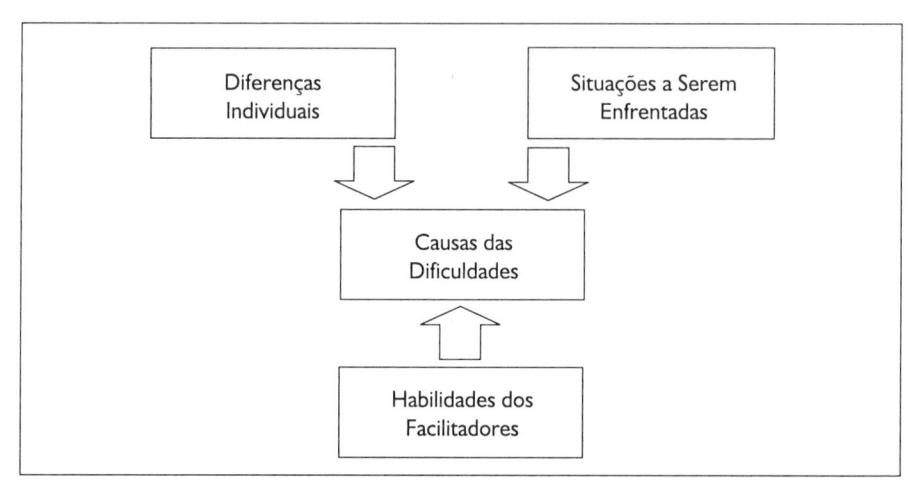

Figura 18 – Causas das dificuldades dos facilitadores em adotar metodologias

Dentre os múltiplos papéis de um facilitador, podemos destacar:

- *Orientador:* indicador dos melhores caminhos a serem seguidos pelos participantes no aproveitamento das oportunidades ou de seus potenciais de aprendizagem.
- *Conselheiro:* a quem os participantes recorrem diante de seus problemas e dúvidas, ao dependerem de uma orientação mais firme e segura.
- *Amigo:* a quem os participantes podem recorrer e confiar seus problemas, dúvidas e dificuldades, pois sabem que do mesmo terão compreensão e ajuda.
- *Precursor:* aquele que abre as frentes e permite que o participante aprenda por si mesmo.
- *Diagnosticador:* observa os pequenos detalhes, as características e os estilo do estudante e chama-lhe a atenção para os mesmos.

- *Administrador:* pratica a descentralização do processo de aprendizagem, delegando aos participantes atividades que possam resultar em sua auto-aprendizagem. Um profissional responsável pela capacitação e desenvolvimento de pessoas é um administrador que utiliza recursos para alcançar resultados.
- *Inovador:* sobretudo, quebrar paradigmas e convencer os integrantes da administração da instituição de capacitação e de desenvolvimento e aos próprios participantes dos projetos de que as novas metodologias associadas às tecnologias de capacitação e de desenvolvimento podem gerar resultados compensadores.

As colocações já feitas reforçam a importância de o facilitador compreender que existem diferenças essenciais entre as diversas metodologias de aprendizagem que podem ser adotadas e que influenciarão o processo de comunicação entre facilitador e os participantes. Cada facilitador precisa conhecer quais os melhores métodos de aprendizagem, quando as circunstâncias o exigirem. Uma boa prática é focalizar a capacitação sobre o que o participante deverá ter que fazer e não sobre o que o facilitador acha que deve ensinar, seja porque é mais fácil, seja porque se sente mais confortável.

Por tudo isso, a avaliação dos resultados de um programa de capacitação e desenvolvimento é um assunto que interessa não somente aos facilitadores, mas também a todos os administradores compromissados com os resultados da organização para quem os projetos são voltados e a quem os participantes pertencem, porque a avaliação tem três objetivos principais, conforme explicitado na Figura 19.

O primeiro é testar se um método particular de instrução foi ou não bem-sucedido. As espécies de perguntas feitas são:

- Qual a eficácia deste método de capacitação e de desenvolvimento?
- Em que aspectos este método é melhor do que qualquer outro?
- Este método vale quanto custa?
- Qual a relação custo/benefício deste método?

```
┌─────────────────────────────────────────────────────┐
│   ┌──────────────┐              ┌──────────────┐   │
│   │   Testar     │              │   Melhorar   │   │
│   │ Metodologias │              │  Capacitação │   │
│   └──────┬───────┘              └──────┬───────┘   │
│          ▼                             ▼            │
│           ┌──────────────────┐                      │
│           │   Objetivos da   │                      │
│           │    Avaliação     │                      │
│           └────────▲─────────┘                      │
│                    │                                │
│           ┌────────┴─────────┐                      │
│           │    Aprimorar     │                      │
│           │   Facilitadores  │                      │
│           └──────────────────┘                      │
└─────────────────────────────────────────────────────┘
```

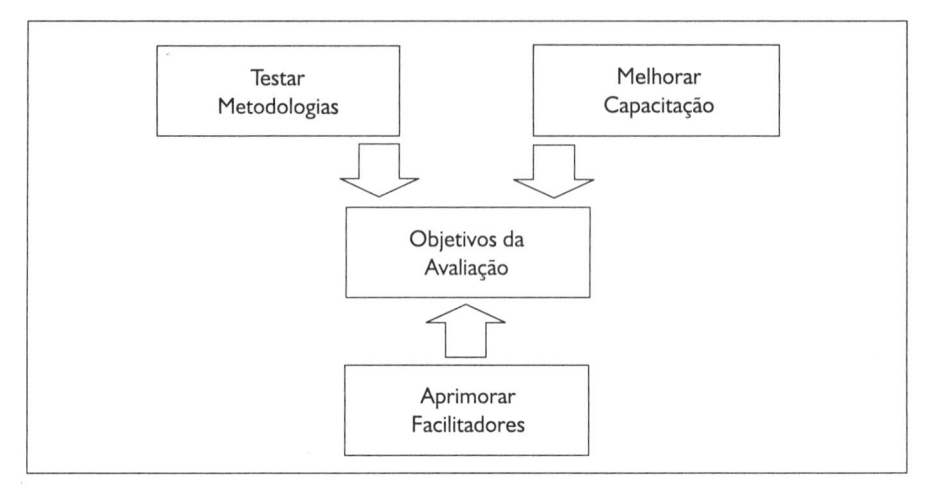

Figura 19 – Objetivos da avaliação

O segundo objetivo é usar os resultados da avaliação para melhorar a situação de capacitação existente. Afortunadamente, as técnicas de avaliação desenvolvidas até aqui podem ser usadas para a consecução destes dois objetivos.

O terceiro é permitir aos facilitadores constantemente o aprimoramento dos métodos de transmissão de suas mensagens aos participantes, maximizando o processo de fixação dos conhecimentos, habilidades e atitudes, renovando-os por completo.

Ainda do ponto de vista dos instrutores ou facilitadores, há dois aspectos de extrema relevância que direcionam as suas atuações e os seus sucessos e que devem ser alvo de sua permanente preocupação.

5.5. Dimensionamento da Carga Horária

No momento de se estabelecer a carga horária de um projeto de treinamento e desenvolvimento, duas óticas devem ser levadas em conta pelos responsáveis.

A primeira delas está relacionada aos aspectos didáticos e pedagógicos do projeto, assim como à lógica que presidiu sua estruturação até aquele momento. Com esta base, será correto que se considere que a carga horária de um projeto deverá ser o somatório das diversas durações previstas para o desenvolvimento de todas as atividades. Tecnicamente, esta é a posição correta e o ideal seria que isto estivesse presente em todas as situações.

A segunda delas se reveste de naturezas gerencial e administrativa, e será presidida pelas naturais limitações enfrentadas pelas organizações e pela sua disponibilidade de tempo para a liberação das pessoas para a participação no projeto. Em outras palavras, as organizações têm escassez de pessoal e os gerentes "nunca podem liberar as equipes para treinamento e desenvolvimento".

Ambas as situações são realidades e deverão ser gerenciadas em conjunto pelas partes interessadas no sucesso do projeto, tendo como foco maior o interesse da organização. Tendo em mente o foco e o interesse maior da empresa, as partes deverão chegar a um consenso em busca de uma solução intermediária, ainda que não seja a melhor para as partes, mas é a que garante que os objetivos e as necessidades da organização foram considerados.

5.6. Orçamentação e Custeio

Orçamento é a quantificação financeira de um plano de trabalho, de um Projeto específico ou do processo para a consecução de determinados objetivos. Em outras palavras, o orçamento é o instrumento que traz a definição financeira dos objetivos e o detalhamento dos fatores necessários para atingi-los, assim como o controle do desempenho.

Assim, ao se elaborar um planejamento, o seu grau de precisão e de detalhes será mandatório na definição da precisão e da qualidade do orçamento a ser elaborado, e na conseqüente alocação dos recursos necessários à execução dos projetos vinculados ao planejamento desenvolvido.

Assim, concluídos o detalhamento do programa e as definições de duração, metodologia, número de participantes etc., deve-se dar início à quantificação financeira de todos os itens, de tal forma que haja previsão e disponibilidade financeira para a implementação dos mesmos.

A elaboração do orçamento de treinamento e desenvolvimento é semelhante ao processo adotado em todas as atividades. Em primeiro lugar, estabelecem-se os grandes itens orçamentários, passando-se ao seu detalhamento:

- **Materiais e equipamentos:** previsões de despesas com a aquisição de materiais didáticos, de consumo e equipamentos, diretamente relacionados com a execução dos projetos constantes da programação de capacitação e desenvolvimento.

- **Pessoal:** previsão de despesas de pessoal (salários, encargos sociais, benefícios e outros), diretamente relacionados com os já citados projetos.

- **Serviços de terceiros:** previsão de despesas com a contratação de bens, pessoas, espaços físicos ou serviços que a organização não queira conduzir ou ter diretamente, por razões técnicas, políticas ou econômicas.

- **Encargos diversos:** previsão de despesas com encargos decorrentes da condução da atividade de capacitação e desenvolvimento, tais como impostos, taxas, depreciações, amortizações e taxas de administração. Normalmente o montante deste item é rateado entre os projetos previstos para um determinado exercício.

Rubrica Orçamentária	Valores %
Materiais e Equipamentos	
Pessoal	
Serviços de Terceiros	
Encargos Diversos	

Procura-se apresentar na Figura 20 um mapa-resumo com as principais rubricas orçamentárias de um projeto de T&D, com a ressalva de que este mapa deve ser adaptado às realidades de cada organização.

Previsão Orçamentária – R$ 1,00		
Rubricas	**Total**	**Unitário**
Pessoal		
Pessoal próprio		
Encargos sociais		
Benefícios		
Outros		
Material		
Materiais didáticos		
Materiais de consumo		
Outros		
Serviços de Terceiros		
Instrutores		
Outros profissionais		
Locais		
Equipamentos		
Locações		
Passagens		
Hospedagens		
Alimentação		
Transportes		
Traduções		
Apoio logístico		
Outros		
Encargos Diversos		
Impostos		
Taxas		
Outros		
TOTAL:		
Custo por participante:		
Custo por hora:		

Figura 20 – Modelo de orçamento

5.7. Atributos e Indicadores para Avaliação

5.7.1. Estabelecimento de Atributos

O processo de avaliação consiste na emissão de um juízo de valor a respeito das comparações que são feitas entre os resultados esperados e os resultados atingidos, entre processos planejados e processos implementados. O ato de avaliar implica julgamentos baseados em padrões de expectativas e referenciais definidos anteriormente e os resultados e desempenhos observados em decorrência de processos desenvolvidos (Abreu, 2001).

Os conceitos de atributo variam grandemente. Por exemplo, para o Instituto de Movimentação e Armazenamento de Materiais – IMAM (1994) atributos são:

> *"dados qualitativos que podem ser contados para posterior análise, como, por exemplo, situações discretas ou binárias, passa ou não passa, aprovação ou desaprovação, cedo ou tarde, contagem por tipo de defeito. Podem ser analisados via gráfico de controle."*

Para Albrecht (1993), atributos são os fatores mais valorizados pelos clientes em suas transações com as organizações. Em outras palavras, quais são os elementos de valor que eles têm de transacionar com as organizações.

Para Abreu (2001), atributos são os aspectos que os clientes levam em conta na avaliação que fazem dos produtos e serviços de uma organização.

Para ambos os autores, os atributos podem variar de cliente para cliente, de organização para organização, de produto para produto e de atividade para atividade, exatamente porque a questão de valorizar mais ou menos os elementos citados dependerá das percepções dos clientes e daquilo que eles julgam mais ou menos importante.

Ainda que se conheça o conjunto dos atributos valorizados pelos clientes, é importante se ter em conta que eles variam de situação para situação, inclusive em termos de sua importância (Albrecht, 1993), o que nos indica que há uma hierarquia de valores nos atributos, quando considerados em cada situação isoladamente. Assim, mesmo havendo uma classificação genérica, cada uma delas demandará das organizações fornecedoras um conjunto de ações, objetivando disponibilizar os atributos reputados importantes pelos clientes.

É importante ter em mente que o juiz da qualidade é o cliente, e é ele quem define o que quer, suas necessidades ou expectativas. Um dos erros mais crassos cometidos pelas organizações fornecedoras é achar que sabem o que os clientes querem e dão valor. Assim, se desejamos saber o que é relevante para os clientes, devemos perguntar a eles, através de mecanismos diversos que permitem identificar suas necessidades e expectativas, assim como priorizá-las.

A importância dos atributos nos esforços para a satisfação dos clientes e no estabelecimento de indicadores de desempenho estratégicos e operacionais é tão evidente que os mesmos passaram a ser alvo dos estudiosos do assunto, buscando aplicar os princípios a um sem-número de organizações, produtos, serviços, processos e estruturas. Na verdade, o estudo dos atributos passou a ser uma nova vertente para os estudiosos da utilização de indicadores no processo de aprimoramento das organizações.

Tais estudiosos concluíram que os atributos são a mais consistente e fértil base para o estabelecimento de indicadores de desempenho, exatamente porque representam aquilo que os clientes valorizam e dão prioridade. Estabelecer indicadores a partir de atributos significa estabelecer bases de mensuração da satisfação dos clientes naquilo que os mesmos julgam vital.

Foram desenvolvidas diversas pesquisas com o objetivo de se verificar o grau de aplicabilidade dos atributos nas diversas áreas de atividades, produtos, processos e situações. Tais pesquisas abrangeram organizações diversificadas em termos de atividades desenvolvidas, quantidade de empregados, atuação em segmentos públicos ou privados etc.

Para ilustração, alguns resultados parciais são apresentados globalmente em termos de totalidade dos atributos, sem separá-los por famílias (de resultados, de processos, de estruturas etc.).

Instituições de Ensino de Nível Superior
(atributos valorizados pelos clientes, pessoas físicas)
- Aplicabilidade dos textos.
- Avaliações periódicas.
- Cursos de extensão.
- Desenvolvimento de projetos nas empresas.
- Disponibilidade de textos técnicos.
- Integração entre as disciplinas do curso.
- Livros voltados para a realidade, adicionalmente à teoria.
- Participação dos estudantes nos processos de aprimoramento e de gestão da instituição.
- Professores com habilidades didáticas.
- Professores experientes.

Supervisores *(atributos valorizados pelos supervisionados)*
- Foco no aumento da produtividade.
- Atuação como agente de mudanças.
- Motivador de equipes.
- Negociador e articulador.
- Pensamento estratégico.
- Atuação como líder.
- Paciência.
- Profissional eficiente.
- Ética e responsabilidade.
- Possuidor de boa vontade

Estudantes Estagiários
(atributos valorizados por entidade promotora de estágios)
- Adaptação profissional.
- Assiduidade.

- Conhecimentos profissionais.
- Espírito de cooperação/equipe.
- Iniciativa.
- Pontualidade.
- Qualidade de trabalho.
- Quantidade de trabalho.
- Sentido das responsabilidades.
- Sociabilidade/relações humanas.

Dos exemplos apresentados, conclui-se que os atributos ou as características constituem "o que avaliar" ou os focos da avaliação. Em outras palavras, são os aspectos relevantes que os clientes levam em conta na avaliação dos produtos e serviços que são adquiridos ou contratados.

Um análise mais detalhada da lista dos atributos mostrará que os mesmos estão relacionados com os produtos e serviços em si, assim como com os processos para a sua produção ou prestação e com as estruturas existentes para que as organizações possam atender aos seus clientes.

Esta constatação é de suma importância, porque reforça a idéia de que é possível o desenvolvimento de estudos a respeito dos atributos relacionados aos processos organizacionais, quando se pretende aprimorá-los.

No processo de avaliação, a tarefa mais complexa envolve a definição do que vai ser avaliado (elemento de referência), do padrão a ser adotado como termo de comparação, assim como a forma de mensurá-lo. Estas providências são vitais, pois não se pode gerenciar nem avaliar aquilo que não se pode quantificar (Hronec, 1994).

Nos órgãos encarregados do treinamento e desenvolvimento, alguns atributos também podem ser encarados como aspectos passíveis de serem avaliados, destacando-se:

- Confiabilidade.
- Qualidade do corpo docente.

- Atualidade do currículo.
- Integração com a sociedade.
- Relacionamento com os responsáveis pelos participantes (supervisores, gerentes).

5.7.2. Estabelecimento de Indicadores

Em qualquer ramo de negócio ou em qualquer atividade interna das organizações, é fundamental estabelecer indicadores, mensurá-los e compará-los com padrões ou referenciais que nos permitam saber como estamos em termos de desempenho. Ignorar esta realidade é um ato se insensatez que tem levado muitas organizações a um fracasso total.

De acordo com o SENAI.DN.DET (1996, p. 9) indicadores de desempenho são "características mensuráveis de processos, produtos ou serviços, utilizados pela organização para acompanhar, avaliar e melhorar o seu desempenho".

Ainda segundo aquele Serviço, os indicadores de desempenho são expressos como relações numéricas que medem atributos de processos, produtos ou serviços, e que devem ser comparáveis com metas, também numéricas, previamente estabelecidas.

Indicadores são relações numéricas entre produtos obtidos em um processo e os investimentos feitos para esta obtenção. Pode ser também a relação entre produtos aprovados e o total de produtos gerados. Também pode ser o percentual retorno gerado por um investimento.

Como exemplos temos:

- Produtividade = 2.600kg/hora de atividade.
- Taxa de retorno do investimento = 25%/ano.
- Índice de aproveitamento da equipe = arremessos convertidos em pontos/arremessos feitos
- Taxa de aproveitamento = alunos aprovados/alunos testados.
- Produtividade de metas = total de metas atingidas no período/total de metas propostas no período.

- Desvio das metas propostas = número de alterações verificadas nas metas propostas/total de metas propostas.

Para Takashina e Flores (1996), indicadores são formas de representação quantificáveis dos atributos ou das características de produtos e processos.

Como exemplos temos:

- Velocidade média = 110 km/hora.
- Consumo de combustível = 12 l/km.
- Produtividade = 500 folhas impressas/cartucho de tinta.
- Capacidade = cinco passageiros/veículo.

Indicadores de avaliação são relações numéricas utilizadas para medir a intensidade com que os atributos estabelecidos estão presentes. Pode medir, também, o padrão de desempenho demonstrado por pessoas, organizações, equipamentos ou processos no desempenho de suas atividades.

Muitas organizações ainda não compreenderam o valor dos indicadores ou não sabem como desenvolvê-los. Saber para onde se vai já é suficientemente árduo; avaliar e atribuir valor a isso, assim como tornar as pessoas responsáveis por sua realização parece ser quase impossível para muitos que não tentaram.

Para melhor esclarecimento da questão, foram selecionados alguns indicadores em treinamento e desenvolvimento, que são apresentados na Figura 21, associados às suas fórmulas de cálculo.

Os indicadores devem-se constituir em prova de que a finalidade, o objetivo e as metas foram alcançados. Outrossim, os indicadores dão informações sobre:

- qualidade (atendimento às especificações);
- quantidade (atendimento ao planejado);
- duração (atendimento aos prazos);
- custos (cumprimento do orçamento).

ALGUNS INDICADORES GLOBAIS DE TREINAMENTO E DESENVOLVIMENTO

Indicador	Fórmula e Cálculo
• Atendimento às necessidades.	• Necessidades atendidas/necessidades totais.
• Atingimento dos objetivos.	• Objetivos atingidos/objetivos propostos.
• Aplicabilidade dos resultados.	• Competências aplicadas/competências totais.
• Qualidade dos facilitadores.	• Avaliações positivas/avaliações totais.
• Qualidade do material didático.	• Avaliações positivas/avaliações totais.
• Execução orçamentária.	• Orçamento realizado/orçamento total.
• Custo por participante	• Investimento total/número de participantes.
• Custo por hora de capacitação e desenvolvimento.	• Investimento total/carga horária do projeto.
• Freqüência dos participantes.	• Participantes presentes/total de participantes.

Figura 21 – Exemplos de indicadores em capacitação e desenvolvimento de pessoas

A utilização dos indicadores na administração de projetos de treinamento e desenvolvimento, ou mesmo nas atividades funcionais, assume vital importância na proporção em que as organizações precisam tornar-se cada vez mais competitivas e necessitam de critérios palpáveis e mensuráveis para medir sua eficácia e sua eficiência, além de compará-las com as dos concorrentes. "Você não pode gerenciar aquilo que não pode quantificar" é uma constatação clássica e que se torna uma realidade incontestável nos dias atuais.

Uma das essências básicas dos indicadores é a sua comparabilidade, significando que podem ser comparados com padrões previamente estabelecidos. Para se fazer uma boa comparação, é preciso saber o que medir, para que medir, como medir e com que medir, além de saber com que a comparação vai ser feita. Aí entra o indicador, estruturado com uma escala própria que lhe permita ser comparado com outros. Também não se pode esquecer da importância de se realizarem correlações entre os resultados dos indicadores para, a partir delas, decidir-se que atitudes tomar.

Como elementos de comparação, indicadores podem ser cotejados com padrões existentes, considerados como valores ideais. As metas definidas pelas organizações como um todo e por seus departamentos e áreas, internamente, deve proporcionar aos seus clientes internos e externos um valor sempre crescente, aprimorando, também, o seu desempenho. No estabelecimento de metas, a adoção de referenciais de desempenho ou de padrões *(benchs)*, que podem ser internos ou externos, funciona como profícuo referencial de aprimoramento.

A importância dos indicadores de desempenho como elementos de comparação ganha destaque na proporção em que a comparação dos indicadores da organização com aqueles das demais empresas dá à organização condições de estabelecer metas de melhorias e planejar as ações necessárias para alcançá-las, além de mostrar aos clientes sua preocupação e seus esforços em melhor atendê-los. Mesmo que não existam outras organizações tidas como padrão, indicadores internos de diferentes períodos podem ser adotados para o estabelecimento de novas metas mais ousadas.

Os indicadores são formas de representação mensurável de uma característica do produto ou do processo, utilizado para acompanhar os resultados ao longo do tempo, além de serem parâmetros para avaliar a qualidade de atributos considerados importantes pelos clientes. Como tal, os indicadores podem e devem ser utilizados como ferramentas para auxiliar o gerenciamento da qualidade de produtos, serviços, estruturas e processos.

O estabelecimento de indicadores não é tarefa isolada de uma pessoa, mas o resultado de um consenso entre todos os que têm relação direta ou indireta com o atributo a ser avaliado e que poderão ser impactados pelas decisões que venham a ser tomadas pelas decisões relacionadas com os resultados da avaliação. Para tanto, os integrantes do grupo de estabelecimento dos indicadores deverão ter legitimidade estratégica, técnica e organizacional para participar das decisões a serem tomadas.

Se aceitamos que a presença ou ausência da qualidade é um julgamento do cliente como "juiz da qualidade" (Albrecht, 1993), baseado nas características da qualidade do produto, então a eleição dos atributos e o estabelecimento dos indicadores sempre deverão considerar as percepções dos clientes.

Como um bom indicador é uma fonte de orientação para a tomada de decisões gerenciais, o mesmo deve ser estabelecido de tal sorte que permita aos gestores tomarem decisões para a eliminação de situações indesejadas, assim como manutenção e aprimoramento daquelas situações consideradas desejadas.

Para que um indicador possa ser utilizado nas tomadas de decisões, é preciso que os elementos para o seu cálculo sejam compatíveis com as necessidades dos seus usuários. Seu numerador deve refletir os resultados obtidos, os benefícios auferidos ou os ganhos inerentes à estrutura, aos processos ou aos resultados. Seu denominador deve demonstrar os recursos despendidos para a obtenção dos resultados, quaisquer que sejam seus tipos, tais como tempo, custos, espaço etc.

Para que um sistema de indicadores seja efetivamente implantado e funcione, é preciso:

- Definir o que se quer medir; quais são os alvos da avaliação.
- Para cada alvo, eleger os atributos mais apropriados.
- Para cada atributo, estabelecer os indicadores de desempenho.
- Estruturar e validar processos de mensuração e medição.
- Definir os responsáveis pela coleta e análise dos dados.
- Estabelecer mecanismos que garantam o uso dos resultados das mensurações.
- Haver decisão política de utilização dos resultados da avaliação para aprimorar os processos.

5.7.3. Mensuração e Medição

A questão da mensuração e de indicadores em avaliação de projetos de capacitação e desenvolvimento tem início com a repetição de um fundamento da avaliação que deve presidir todos os raciocínios e abordagens a serem desenvolvidos.

Ainda que outros aspectos se tornem relevantes em discussões posteriores, o foco da avaliação deve estar centrado no grau ou na intensidade em que os objetivos foram atingidos e nas formas pelas quais o foram.

Segundo Gronlund (1975), *medir* está relacionado com a descrição quantitativa do desempenho do participante (medida), associada a um julgamento de valor. *Rigor*, quer dizer determinar a extensão, as dimensões, a quantidade, o grau ou a capacidade de uma coisa ou objeto. É uma atribuição de valores, segundo determinadas regras anteriormente estabelecidas.

Mensuração e avaliação guardam entre si uma íntima relação, porquanto a segunda se vale dos resultados obtidos pela primeira. Na verdade, os produtos da mensuração são insumos utilizados pela avaliação, dentro da "cadeia de suprimento" da capacitação e do desenvolvimento de pessoas.

Assim, destacam-se algumas etapas da mensuração cujos resultados se prestam para a avaliação:

1) **Indicar e definir o atributo a ser mensurado:** em outras palavras, o que vamos medir e avaliar.

2) **Estabelecer como medir, divulgar e utilizar os resultados das medições:** determinar um conjunto de operações em virtude do qual possa o atributo tornar-se perceptível ou manifesto.

3) **Estabelecer um conjunto de procedimentos que permitam traduzir os resultados em termos quantitativos:** representar os resultados por meio de símbolos (números, conceitos etc.) de fácil compreensão e entendimento para os interessados.

A medição do desempenho foi conceituada por Zairi (Zairi, M. *Measuring performance for business results.* London: Chaoman & Hall, 1994) como sendo o ato sistemático de atribuir números a entidades.

Os especialistas no assunto admitem que a mensuração é uma tarefa complexa e um segredo sem explicação. A medição é complexa, frustrante, difícil, desafiadora e importante, não dando muita segurança a quem com ela trabalha.

Em função da sua visibilidade, todas as organizações devem ser transparentes e clara nas suas relações com as partes interessadas nesta fase histórica de globalização e abertura dos mercados.

Também por isso a mensuração não pode ser um mistério para os gestores, e passa a representar poder para quem sabe avaliar com base em indicadores de resultados e de processos.

Para aquelas que a dominam, a mensuração é vista como um sistema integrado por várias partes conforme demonstrado na Figura 22.

COMPONENTES	PERGUNTAS CLÁSSICAS
• Identificação dos clientes da medição.	• Medir para quem?
• Definição dos objetivos da medição.	• Medir para quê?
• Identificação do sistema a ser medido.	• Medir o quê?
• Análise do sistema: processos e metas.	• Quais as metas, os processos críticos e as prioridades?
• Geração de indicadores.	• Quais os parâmetros e os processos críticos da organização?
• Montagem do sistema.	• Como será operado o sistema?
• Implementação e aperfeiçoamento do sistema.	• Como fazer o sistema funcionar?

Figura 22 – Mensuração como sistema integrado

capítulo 5

Execução de Projetos de T&D

"Menino, Menino! Faça direito este trabalho logo da primeira vez, para não ter que fazer tudo de novo e perder o seu tempo."

José Lopes de Abreu
meu falecido pai

SUMÁRIO DO CAPÍTULO:

1. Fundamentos
2. Importância da Logística
3. Aprimoramento de Processos e de Resultados

OBJETIVOS DE APRENDIZAGEM:

Depois de estudar este capítulo, você deverá estar apto a:

1. *Discorrer sobre os fundamentos da atividade de execução de um projeto de treinamento e desenvolvimento de recursos humanos – T&D.*
2. *Citar dois fatores que podem afetar a qualidade da execução de um projeto de T&D.*
3. *Discorrer sobre, pelo menos, três fatores fundamentais na logística de execução de um projeto de T&D.*
4. *Discorrer sobre a metodologia de aprimoramento de processos e resultados.*
5. *Caracterizar a importância do gerenciamento da execução de um projeto de T&D.*

1. Fundamentos

A execução ou implementação das atividades de capacitação e desenvolvimento obedece ao que foi estabelecido no planejamento e na programação. O ato de executar significa operacionalizar as ações que foram planejadas e programadas, obedecendo-se aos critérios de logística e de disponibilidade dos recursos existentes. Significa, também, fazer o processo funcionar, visando a transformar os insumos em produtos finais, que satisfaçam às necessidades dos clientes.

Podemos considerar que a administração ou a coordenação de um projeto de capacitação e desenvolvimento compreende o conjunto de ações que são empreendidas ao longo do seu ciclo de vida. O objetivo é garantir que os seus objetivos sejam atingidos dentro dos parâmetros de economicidade desejados, que será demonstrada através dos estudos de avaliação a serem feitos, principalmente os relacionados com o Retorno do Investimento realizado com o projeto.

Pode parecer, à primeira vista, que a implementação e a operacionalização são atividades sem importância, de vez que apenas implementam decisões de outras atividades, constituindo-se em meros fazedores do que foi planejado pelos outros. Isto é um grande engano ou miopia de interpretação, haja vista que há um grupo de fatores que podem afetar a qualidade da implementação, tais como:

- *Qualidade do plano a ser implementado:* em termos de sua capacidade de dotar os clientes com os resultados por eles esperados.

- *Adequação dos participantes:* no sentido de que os participantes devem ser criteriosamente selecionados de acordo com as características e perfis mínimos necessários.

- *Quantidade de participantes:* aqui observadas as quantidades máxima e mínima de participantes de cada projeto, o que permitirá a sua viabilização prática e econômica.

- *Qualidade dos facilitadores:* que deverão ter o seu desempenho monitorado pela coordenação, para verificar se os mesmos apresentam demonstrações de competências técnica, pessoal e didática, além de estarem focados nos participantes e na satisfação de suas necessidades;
- *Qualidade dos materiais didáticos de consumo:* em termos de atualização, pertinência aos temas estudados. Clareza da impressão e grau de aprofundamento.
- *Qualidade da metodologia adotada pelos facilitadores:* que deverão aplicar metodologias variadas e adequadas a cada caso, conforme as abordagens a serem feitas no Capítulo 4 deste livro. A adequação da metodologia adotada responderá por grande parte dos resultados a serem alcançados.
- *Envolvimento da supervisão e da gerência:* o que garantirá que os participantes se sintam acompanhados pelos seus superiores, aumentando-lhes a confiança e a responsabilidade. A demonstração de interesse pelo projeto por parte dos gerentes e dos supervisores tem o poder de aumentar o grau de participação dos participantes e o seu conseqüente rendimento.
- *Adequação do conteúdo programático:* também compete ao coordenador do projeto monitorar se os facilitadores estão observando a adequação do conteúdo programático de cada disciplina aos objetivos gerais e específicos do projeto, além de observar a necessária integração entre os temas.
- *Qualidade da logística:* disponibilidade dos recursos necessários em termos de quantidade, qualidade e momento de sua disponibilização para que nada falte ao projeto que está sendo conduzido.

2. Importância da Logística

Sabemos que a logística tem a ver com o conjunto de ações que disponibilizem todos os recursos necessários para que as atividades possam ser desenvolvidas a contento, dentro dos cronogramas estabelecidos e aos menores custos possíveis. Ao analisarmos este conceito, vislumbramos a sua importância porquanto a logística responde pelo encaixe perfeito de todos os recursos que devem ser disponibilizados. A logística se assemelha a um espetáculo de trapezistas, onde existem demonstrações de competências individuais e coletivas entre todo o grupo, mas as mútuas dependências uns dos outros são evidentes.

A coordenação de um projeto de capacitação e desenvolvimento deve estar permanentemente atenta para que nenhuma falha ocorra nos pontos fundamentais da logística de execução do projeto, aí se destacando:

- **Programa:** amplamente divulgado junto a todos os interessados. A coordenação deve esmerar-se no sentido de que todas as partes interessadas conheçam o conteúdo programático do projeto e possam ter apresentado suas contribuições para o seu aprimoramento.

- **Facilitadores:** selecionados previamente dentre os mais competentes e com características comportamentais adequadas. A coordenação deverá promover reuniões de integração entre os facilitadores, para que os mesmos possam discutir as interfaces entre os assuntos que serão discutidos, evitando-se superposições ou omissões de assuntos.

- **Participantes:** selecionados previamente, detentores de todos os dados e informações pertinentes ao projeto. A coordenação deverá esmerar-se no sentido de que todos os participantes conheçam, no mínimo, os objetivos gerais e específicos do projeto e saibam que estes últimos serão utilizados como base para as avaliações cognitivas, psicomotoras e atitudinais.

- **Coordenação:** desenvolvida por pessoa habilitada, com experiência na atividade e que detenha características de liderança, organização, planejamento, solução de problemas, que seja proativa, com grande iniciativa, que aceite desafios e, que acima de tudo, goste de pessoas e de lidar com elas. Por ser de responsabilidade da área de Recursos Humanos a indicação do coordenador, aquela atividade deve escolher pessoas que tenham prazer em lidar com pessoas e vocação para a arte de facilitar o processo de aprendizagem.

- **Pessoal de apoio:** destinado a apoiar as atividades administrativas, operar equipamentos, providenciar reprodução de documentos, anotar recados, promover registros, providenciar passagens, realizar pequenas atividades externas e outras atividades auxiliares. De igual maneira, para compor esta equipe, deverão ser escolhidas pessoas que gostem de trabalhar com gente e em atividades de ensino e de educação.

- **Materiais didáticos:** tais como livros, apostilas, textos de leitura prévia e outros, deverão ser disponibilizados com antecedência para os participantes do projeto, acompanhados das necessárias orientações de leitura e pesquisa.

- **Materiais de consumo:** providenciados e disponibilizados previamente, evitando-se atropelos e faltas de última hora, verdadeiros atestados da falta de planejamento.

- **Equipamentos:** previamente solicitados pelos facilitadores e disponibilizados pela coordenação do projeto. A coordenação deverá atentar para que os mesmos se apresentem em boas condições de funcionamento e sejam acompanhados das peças sobressalentes a serem utilizadas em situações de emergência.

- **Sobressalentes:** os sobressalentes de máquinas, equipamentos, móveis, utensílios, materiais didáticos e de consumo devem estar disponíveis para a utilização em caso de situações imprevistas.

- **Instalações:** devem ser inspecionados previamente, permitindo que o coordenador conheça os detalhes do local e do funcionamento das mesmas, tais como painéis elétricos, extintores de incêndio, equipamentos de segurança e outros.

- **Transportes:** que facilitem a locomoção dos que estiverem envolvidos na execução do projeto, assim como de materiais e equipamentos. A utilização deste recurso deverá ser dominada pelo coordenador e pelo pessoal de apoio.

- **Emergências:** recursos e condições para atendimento a situações de emergência, tais como atendimentos médicos, deslocamentos imprevistos e outros.

3. Aprimoramento de Processos e de Resultados

Poucos são os instrumentos para a busca e o aperfeiçoamento da Qualidade que se mostraram tão efetivos quanto o chamado "Ciclo de Deming" ou o "Ciclo da Qualidade", mais conhecido como PDCA. O PDCA é um roteiro estruturado e sistematizado, mostrando os quatro passos que devem ser seguidos por quem pretende realizar alguma atividade com sucesso, a saber:

- **P:** definir claramente o objetivo a ser alcançado, os passos e os meios para atingi-lo.
- **D:** executar os passos conforme o planejado.
- **C:** gerenciar (acompanhar e controlar) as atividades e os resultados parciais e totais.
- **A:** adotar ações corretivas e de aperfeiçoamento ao longo e ao final do processo.

Cremos que a aceitação do PDCA pode ser atribuída à presença de três elementos, que são: *simplicidade*, *efetividade* e *aplicabilidade* a todas as situações.

A *simplicidade* reside nos quatro passos accessíveis a qualquer pessoa, confirmando que a qualidade está nas coisas e nas ações mais simples, guiadas pelo bom senso, pela experiência e pelo propósito de constante aperfeiçoamento das atividades.

A *efetividade* pode ser resumida em uma expressão que ouvimos de um trabalhador que não teve a oportunidade de ser alfabetizado: "Puxa vida professor, não é que funciona mesmo!". Várias pessoas demonstram reações semelhantes ao descobrirem esta nova maneira de trabalhar e de obter resultados com menores esforços e recursos.

Não existe uma atividade que não se preste à *aplicação* do PDCA ou que não venha a se beneficiar com os seus resultados. Experiências mostram aplicações que variam desde à execução de tarefas empresariais até o tratamento de questões que envolvem o relacionamento entre pessoas. Em todos eles, um ponto ficou evidenciado: a persistência e a disciplina em percorrer as quatro fases do Ciclo são a maior garantia de resultados efetivos.

Por tudo isso, é necessário divulgar o PDCA em todos os momentos, oportunidades, locais e atividades, enfatizando os grandes benefícios desta maneira simples e objetiva de aperfeiçoamento das atividades e otimização do atingimento dos objetivos.

Para esta divulgação em larga escala, precisamos desmistificá-lo e apresentá-lo com uma linguagem simples e acessível a todas as pessoas, valendo-nos de exemplos relacionados com o dia-a-dia da população. Daí veio-nos a idéia de buscar uma nova palavra, um novo verbo que signifique "rodar" o PDCA, que seja popular e facilmente compreensível por todos e incorporável ao nosso cotidiano.

Mas, o que acontece com as pessoas que despertaram para esta oportunidade de simplificação de suas atividades, de uso ótimo dos seus recursos, de consecução de seus objetivos com eficiência e eficácia, de se sentirem mais realizadas e mais úteis às organizações a que pertencem e à sociedade em geral? Simplesmente descobriram e passaram a conjugar um novo verbo, chamado PDCEAR. Em outras palavras, estão aplicando diligente e disciplinadamente as etapas previstas no ciclo de Deming, "rodando" constantemente o referido ciclo em um processo contínuo e crescente.

capítulo 6

Avaliação de Processos e de Resultados de Projetos de T&D

"Percebo a avaliação como um farol sinalizador, que nos indica para onde estamos indo e que estamos na iminência de um choque se não desviarmos o nosso caminho."

Autor anônimo

SUMÁRIO DO CAPÍTULO:

1. Fundamentos
2. Tipos de Avaliação
    2.1. Avaliação de Processos
    2.2. Avaliação de Resultados
    2.3. Avaliação de Estruturas
    2.4. Avaliação e Custos
    2.5. Avaliação de Retorno do Investimento
3. O Processo de Avaliação
4. Técnicas e Instrumentos de Avaliação
5. Avaliação de Processos
6. Avaliação de Resultados
7. Aplicabilidade dos Resultados

OBJETIVOS DE APRENDIZAGEM: Depois de estudar este capítulo, você deverá estar apto a:

1. Conceituar avaliação de treinamento e desenvolvimento de recursos humanos – T&D.
2. Explicar por que a avaliação deve-se iniciar no planejamento do projeto.
3. Discorrer sobre os motivos que levam as organizações a avaliarem os seus projetos de T&D.
4. Discorrer sobre avaliação de processos.
5. Discorrer sobre avaliação de resultados.
6. Citar, pelo menos, três instrumentos de avaliação e suas aplicabilidades.
7. Discorrer sobre avaliação pós-projeto.
8. Citar os três agentes que obrigatoriamente devem-se envolver com a avaliação pós-projeto.
9. Discorrer sobre a avaliação e o retorno do investimento em T&D.

1. Fundamentos

A avaliação é um dos componentes do esforço para a melhoria da qualidade dos resultados e dos processos de Treinamento e Desenvolvimento de Recursos Humanos – T&D que lhes garante maior credibilidade e aceitação, pela conquista de resultados desejados e planejados. Independentemente dos alvos da avaliação citados, também são objetivos da avaliação o aprimoramento da estrutura organizacional da atividade e a dos seus custos.

Avaliação é um processo sistematizado e ordenado para se efetuar uma apreciação e se atribuir um juízo de valor sobre um projeto, em termos de suas necessidades determinantes, objetivos, programa, processo, estrutura de condução e resultados para os clientes e executores. Assim, permite-se a incorporação de medidas corretivas e de aprimoramento do citado projeto.

Para Hamblin (1978:21),

> "a avaliação do capacitação é qualquer tentativa no sentido de obter informações (realimentação) sobre os efeitos de um programa de capacitação e para determinar o valor do capacitação, à luz dessas informações".

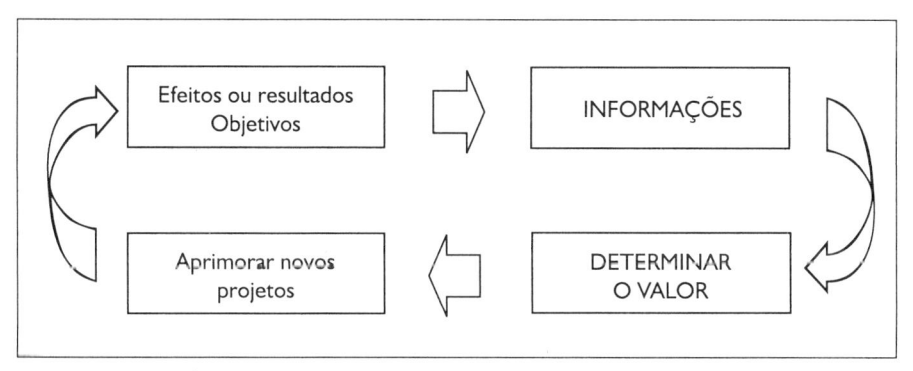

Figura 23 – Avaliação, no entendimento de Hamblin

Para Thorndike e Hagen, (1960),

> *"avaliação em educação significa descrever algo em termos de atributos selecionados e julgar o grau de aceitabilidade do que foi descrito. O algo que deve ser descrito e julgado pode ser qualquer aspecto educacional, mas é tipicamente (a) um programa escolar, (b) um procedimento curricular ou (c) o comportamento de um indivíduo ou de um grupo".*

Variam os entendimentos do que seja avaliação. Umas concepções enfatizam a dimensão medida, ao passo que outras estão mais voltadas para o aspecto de julgamento, ou juízo de valor, e outras, ainda, permeiam as duas dimensões.

Sempre que uma organização busca avaliar seus projetos de treinamento e desenvolvimento de recursos humanos – T&D o faz com propósitos de aplicação dos resultados decorrentes da avaliação, e pelos seguintes motivos:

- Determinar se os benefícios decorrentes justificam os custos incorridos.
- Determinar quão bem a capacitação satisfez as necessidades identificadas.
- Determinar em que extensão os participantes dominam o conteúdo programático.
- Identificar quão eficiente e eficaz foi a metodologia adotada pelos facilitadores.
- Avaliar quanto das novas competências desenvolvidas foram transferidas para a realidade de trabalho.
- Determinar se os resultados da capacitação contribuíram para o cumprimento das metas da empresa.

Em treinamento e desenvolvimento de Recursos Humanos, avaliação é um momento de muita importância para o facilitador e para o coordenador do projeto, assim como o é para o participante. Para o facilitador, é um meio de diagnosticar a realidade dos seus participantes. Da mesma forma, a avaliação é importante para o participante, porque através dela ele pode conhecer a sua atuação. Para o coordenador do projeto, é uma fonte para avaliar o desempenho dos facilitadores e dos participantes, assim como para aprimorar o seu próprio trabalho.

Para dirimir possíveis dúvidas entre avaliação e validação, Milioni (2001) procura esclarecer que avaliar significa submeter algo a um processo de análise normalmente determinado por parâmetros concretos ou referenciais. Já validar é reconhecer o valor esperado do objeto da análise efetuada, comparando a situação identificada após uma ação de modificação do comportamento do público-alvo aos fatos que levaram à realização do treinamento e do desenvolvimento, a que se denomina, geralmente, de carência.

Os parâmetros de avaliação devem passar por alguns aspectos fundamentais, a saber:

- *Quantum* dos objetivos estão sendo atingidos.
- Aplicabilidade dos resultados obtidos à realidade organizacional.
- Capacidade dos processos de levar ao atingimento dos objetivos.
- Existência de adequada relação custo/benefício.
- Qualidade da instituição condutora.
- Qualidade dos "condutores" dos projetos de capacitação e desenvolvimento.

O grande problema da avaliação decorre de fatores externos, como as dificuldades que temos em estabelecer padrões, indicadores, mecanismos de acompanhamento e de controle, que são a base da avaliação.

Não podemos falar em avaliar somente os efeitos ou resultados, sem avaliar aquilo que contribuiu para que os mesmos ocorressem, inclusive as condições de realização do projeto.

2. Tipos de Avaliação

2.1. Avaliação de Processos

Esta avaliação está voltada aos processos, às rotinas e aos procedimentos que são desenvolvidos para a condução do projeto de capacitação e desenvolvimento, com ênfase na eficiência.

2.2. Avaliação de Resultados

Este tipo de avaliação será tratado especificamente na avaliação pós-projeto e deverá ser feito envolvendo o próprio participante, seu gerente ou supervisor imediato e seus pares e subordinados. Isso porque diz respeito às percepções dos mesmos quanto aos ganhos auferidos pela participação no projeto de capacitação e desenvolvimento.

Por esta razão, é de vital importância que suas percepções sejam cruzadas e analisadas como um todo. Para que esta avaliação seja mais proveitosa, os instrumentos e as metodologias para sua realização deverão observar os critérios de definição dos parâmetros e indicadores de avaliação.

2.3. Avaliação de Estruturas

Voltada para a avaliação das condições organizacionais, de disponibilidade de recursos materiais e de recursos humanos para a condução do projeto.

2.4. Avaliação de Custos

Este tipo de avaliação se volta para a análise dos valores despendidos com o projeto para a utilização de indicadores específicos que podem ser úteis na elaboração desta análise. Nesta avaliação, destacam-se custo por participante, custo por hora de atividades, custo por rubricas orçamentárias etc.

2.5. Avaliação de Retorno do Investimento

Realizada pelo cálculo da relação existente entre os investimentos feitos em cada projeto e os ganhos auferidos em decorrência dos mesmos. Este tipo está vinculado à avaliação pós-projeto e será tratada em capítulo específico deste livro.

3. O Processo de Avaliação

O processo de avaliação é um poderoso instrumento para garantir o aprimoramento contínuo das diversas etapas de um projeto de capacitação e desenvolvimento, desde a identificação de necessidades até o acompanhamento pós-projeto, onde a ênfase é a efetiva aplicabilidade das novas competências à realidade organizacional.

Avaliação significa atribuir um valor a uma dimensão mensurável do comportamento em relação a um padrão de natureza social ou científica. Em educação, avaliação significa descrever algo em termos de atributos selecionados e julgar o grau de aceitabilidade do que foi descrito em relação dos educandos, à instituição educadora ou às atividades que foram desenvolvidas.

> "A avaliação envolve uma coleta sistemática de dados, por meio dos quais se determinam as mudanças que ocorreram no comportamento do participante, em função dos objetivos educacionais e em que medida estas mudanças ocorreram" (Bloom, Hasting, Madaus. *Handbook of formative and summative evaluation of student learning*. New York: McGraw Hill Co., 1971, pp. 118-20).

Bastos (1994) coloca que a fase de avaliação, *que já deve ter sido prevista e estruturada na base de planejamento*, constitui o último passo do processo de capacitação. É o momento em que se verifica se os objetivos finais foram atingidos (os objetivos parciais devem ter sido avaliados passo a passo) e quais as ações a serem implementadas a seguir. Ao se planejar a disciplina, faz-se necessário definir e estabelecer, claramente, o processo, a forma, as técnicas e os instrumentos de avaliação que vão ser colaboradores.

Também é relevante esclarecer que a avaliação e o treinamento e desenvolvimento de Recursos Humanos se desenvolvem através de um ciclo de permanente e constante crescimento e aprimoramento da atividade, como se procura demonstrar na Figura 24.

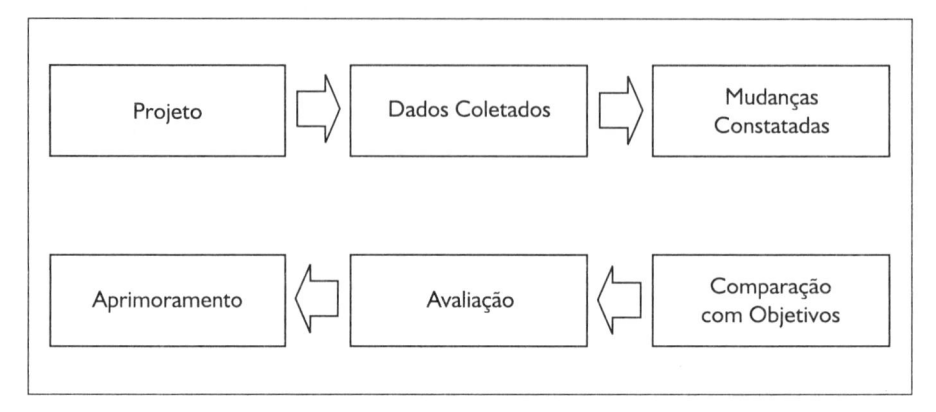

```
┌─────────────────────────────────────────────────────────────┐
│                                                             │
│   ┌──────────┐      ┌───────────────┐      ┌─────────────┐ │
│   │ Projeto  │ ⇨    │ Dados Coletados│ ⇨   │  Mudanças   │ │
│   │          │      │               │      │ Constatadas │ │
│   └──────────┘      └───────────────┘      └─────────────┘ │
│                                                             │
│                                                             │
│   ┌──────────────┐      ┌──────────┐      ┌─────────────┐ │
│   │ Aprimoramento│ ⇦    │ Avaliação│ ⇦    │ Comparação  │ │
│   │              │      │          │      │ com Objetivos│ │
│   └──────────────┘      └──────────┘      └─────────────┘ │
│                                                             │
└─────────────────────────────────────────────────────────────┘
```

Figura 24 – Ciclo da avaliação

4. Técnicas e Instrumentos de Avaliação

É possível estabelecermos os melhores instrumentos e as melhores metodologias de avaliação para cada projeto e para cada um dos seus componentes ou aspectos a serem avaliados. Isso é possível desde que a avaliação já tenha sido prevista desde a fase de planejamento.

Há inúmeros instrumentos de avaliação disponíveis e não há um tipo melhor do que o outro ou mais completo e perfeito. O que existe são os mais adequados a cada organização, a cada tipo de projeto ou a cada situação específica. Compete a cada coordenador de projeto desenvolver os melhores instrumentos para suas realidades ou adaptar os já existentes, desde que isso não resulte em perda da qualidade da avaliação. Como principais instrumentos, destacamos:

- Provas e testes.
- Observação direta.
- Desempenho de funções.
- Questionários.
- Folhas de avaliação.
- Auto-avaliação.
- Entrevistas individuais e coletivas.
- Avaliações grupais.

5. Avaliação de Processos

Avaliação dos processos, rotinas e procedimentos que são desenvolvidos para a condução do projeto de capacitação e desenvolvimento, procurando racionalizá-los.

A título de ilustração, o quadro apresentado na Figura 25 exemplifica um modelo de plano de avaliação de um projeto de capacitação e desenvolvimento, em que procuramos destacar as dimensões da avaliação, o que podemos avaliar em cada dimensão, alguns indicadores de desempenho, as fontes dos dados e informações e alguns instrumentos a serem utilizados na coleta dos dados.

Plano de Avaliação de Projetos de Capacitação e Desenvolvimento de Pessoas

Dimensões da Avaliação	O que Pode Ser Avaliado	Indicadores de Avaliação	Fontes de Dados	Métodos e Instrumentos de Coleta de Dados
• Resultados dos projetos.				
• Desempenho dos participantes.				
• Processo de execução.				
• Desempenho da coordenação.				
• Desempenho dos facilitadores.				
• Qualidade do material didático.				
• Estrutura de apoio administrativo.				
• Estrutura de apoio didático.				

Figura 25 – Plano de avaliação de projeto de capacitação e desenvolvimento de pessoas

6. Avaliação de Resultados

Este tipo de avaliação será tratado especificamente na avaliação pós-projeto e deverá ser feito envolvendo o próprio participante, seu gerente ou supervisor imediato e seus pares e subordinados. Isso porque diz respeito às percepções dos mesmos quanto aos ganhos auferidos pela participação no projeto de capacitação e desenvolvimento.

Por esta razão, é de vital importância que suas percepções sejam cruzadas e analisadas como um todo. Para que esta avaliação seja mais proveitosa, os instrumentos e as metodologias para sua realização deverão observar os critérios de definição dos parâmetros e indicadores de avaliação.

A avaliação pós-projeto busca avaliar até que ponto os conhecimentos, as habilidades e as atitudes dos egressos dos projetos de capacitação e desenvolvimento estão sendo aplicados em suas realidades organizacionais e sociais. Em outras palavras, em que intensidade e quantidade estas aplicações estão ocorrendo ao longo do tempo, a partir do momento da conclusão do projeto.

Esta avaliação busca, também, verificar em que intensidade as transformações atitudinais e comportamentais verificadas nos egressos do projeto efetivamente estão-se sedimentando e se confirmando, como prova da consecução dos objetivos a ela relacionados.

Também estamos interessados em saber, para cada disciplina ou item do programa, a intensidade ou a profundidade em que o mesmo está sendo útil para o desempenho das funções dos colaboradores, quais os que foram desnecessários e quais aqueles que não foram desenvolvidos e que devem ser incorporados nos futuros projetos de capacitação e desenvolvimento.

Este tipo de avaliação poderá focar a aplicabilidade do todo do projeto desenvolvido ou de apenas algumas áreas ou disciplinas do mesmo. Além disso, as informações coletadas poderão mostrar quais os assuntos, os temas ou as disciplinas que tiveram maior aplicação ao longo do tempo avaliado e quais as que foram pouco aplicadas.

Um dos benefícios mais evidentes da avaliação pós-projeto está na revisão dos seus objetivos e no redimensionamento do conteúdo programático do projeto, em função dos temas com diferentes intensidades de aplicação e de uma revisão dos objetivos do mesmo.

As experiências com os resultados deste tipo de avaliação têm mostrado que há uma tendência a uma generalização acentuada dos objetivos dos projetos e um dimensionamento excessivo dos seus conteúdos programáticos, incompatíveis com as verdadeiras necessidades organizacionais, funcionais e individuais.

Outrossim, as dificuldades existentes para este tipo de avaliação residem muito mais na falta de hábito de calcular benefícios ou ganhos decorrentes da realização de certas atividades do que na apuração dos custos inerentes às mesmas.

Infelizmente, nossos empresários e dirigentes ainda não valorizam adequadamente a importância de determinadas perguntas, antes de se envolverem em certos negócios ou projetos, inclusive os relacionados à capacitação e ao desenvolvimento, como as apresentadas a seguir:

- Quanto isso vai-nos custar?
- Em quanto tempo o investimento vai retornar?
- Qual a relação custo/benefício?
- Existem outras formas mais econômicas de atingirmos os objetivos?

Quando estas perguntas forem aplicadas às propostas de projetos de capacitação e desenvolvimento que lhes forem submetidas, os dirigentes poderão decidir com muito mais consciência sobre as mesmas. E o que é mais importante, poderão exigir melhores resultados e mais efetividade da atividade e dos profissionais de capacitação e desenvolvimento.

A avaliação pós-projeto requer um grande envolvimento de três tipos de pessoas em atividades cooperativas com o profissional de capacitação e desenvolvimento.

Em primeiro lugar, estão os Gerentes ou Supervisores imediatos dos egressos dos projetos, pois são eles que lidam diretamente com os mesmos e, melhor do que ninguém, podem prestar informações sobre as modificações ocorridas com os ex-participantes, seus novos desempenhos, suas novas contribuições, aplicação dos novos conhecimentos, habilidades e atitudes etc. Cremos que, melhor do que ninguém, os mesmos poderão dizer se valeram a pena o projeto desenvolvido e a indicação de seus subordinados para participarem do mesmo.

Em segundo lugar, veremos os próprios egressos dos projetos que, ao retornarem às suas atividades, terão condições de avaliar o quanto sua participação está-lhes ajudando a um melhor desempenho de suas atividades e o quanto estão aplicando tudo o que trouxeram em suas bagagens cognitiva, psicomotora e atitudinal.

Em terceiro lugar, estão os Pares e Subordinados dos egressos dos projetos. Como observadores, poderão ajudar nas comparações sobre as características dos egressos antes e depois de suas participações nos projetos, subsidiando as análises a serem feitas. Por não terem sido envolvidos diretamente nas atividades de execução dos projetos, poderão apresentar suas percepções neutras e independentes.

Como conseqüência, a aplicabilidade da avaliação pós-projeto está diretamente relacionada aos propósitos de avaliar os resultados obtidos na realidade de trabalho dos participantes e em relação às transformações ocorridas com os mesmos. Também, quanto mais a avaliação se prestar aos mesmos, mais efetiva poderá ser considerada. Por sua vez, o grau de efetividade da avaliação dependerá de sua capacidade de oferecer respostas às indagações em relação aos resultados e aos impactos positivos do projeto.

A título de ilustração, o quadro apresentado na Figura 26 exemplifica um modelo de plano de avaliação pós-projeto de capacitação e desenvolvimento, em que se procura destacar as dimensões da ava-

Plano de Avaliação Pós-projetos de Capacitação e Desenvolvimento de Pessoas

Dimensões da Avaliação	O que Pode Ser Avaliado	Indicadores de Avaliação	Fontes de Dados	Métodos e Instrumentos de Coleta de Dados
• Competências cognitivas.				
• Competências pscomotoras.				
• Competências comportamentais.				
• Aplicabilidade das novas competências.				
• Atingimento dos objetivos.				
• Satisfação das necessidades.				
• Benefícios para a organização.				
• Retorno do investimento.				

Figura 26 – Plano de avaliação pós-projeto de capacitação e desenvolvimento de pessoas

liação, o que pode ser avaliado em cada dimensão, alguns indicadores de desempenho, as fontes dos dados e informações e alguns instrumentos a serem utilizados na coleta dos dados.

7. Aplicabilidade dos Resultados

Como conseqüência, a aplicabilidade da avaliação está diretamente relacionada aos propósitos citados e quanto mais a avaliação se prestar aos mesmos, mais efetiva poderá ser considerada. Por sua vez, o grau de efetividade da avaliação dependerá de sua capacidade de oferecer respostas às indagações feitas em cada uma das fases, mas, de uma forma geral, são as seguintes as aplicabilidades da avaliação:

- Aprimoramento de futuros projetos.
- Aprimoramento da definição dos objetivos.
- Aprimoramento da elaboração dos conteúdos programáticos.
- Aprimoramento do processo de identificação de necessidades.
- Identificação de futuros multiplicadores.
- Identificação de transformações ocorridas com os participantes.
- Identificação de novas necessidades.
- Retorno das informações aos gerentes.
- Substituição de instrutores.

capítulo 7

Universidades Corporativas

"A universidade precisa recobrar a sua expectativa de ser o palco privilegiado, onde a sociedade discute a sua sorte e suas esperanças.
Este palco deve ser a universidade, porque nela é possível preservar ambiente de confronto aberto, democrático e científico ao mesmo tempo, permitindo consciência crítica e montagem de soluções."

Pedro Demo

SUMÁRIO DO CAPÍTULO:

1. Fundamentos
2. As primeiras Experiências
3. Conceitos Básicos
4. Objetivos das Universidades Corporativas
5. Vantagens das Universidades Corporativas
6. Importância das Universidades Corporativas
7. Estrutura Organizacional
8. Metodologia de Atuação
9. Equipe de Profissionais
10. Quando Optar pela Universidade Corporativa?
11. Princípios Básicos para Implantação
12. Princípios Básicos para Funcionamento
13. Causas dos Insucessos
14. Visão do Futuro

OBJETIVOS DE APRENDIZAGEM: Depois de estudar este capítulo, você deverá estar apto a:

1. *Conceituar Universidade e Universidade Corporativa.*
2. *Fazer a distinção entre uma Universidade e uma Universidade Corporativa.*
3. *Discorrer sobre as primeiras experiências com Universidades não-acadêmicas.*
4. *Discorrer sobre as diferenças entre uma Universidade Corporativa e um órgão de T&D.*
5. *Discorrer sobre três objetivos das Universidades Corporativas.*
6. *Discorrer sobre as estruturas organizacionais de Universidades Corporativas.*
7. *Discorrer sobre três metodologias de atuação de uma Universidade Corporativa.*
8. *Apontar uma situação que pode levar uma organização a optar pela adoção de uma Universidade Corporativa.*
9. *Discorrer sobre três princípios básicos de implantação de uma Universidade Corporativa.*
10. *Discorrer sobre três princípios básicos de funcionamento de uma Universidade Corporativa.*
11. *Apontar uma possível causa do insucesso de uma Universidade Corporativa.*

1. Fundamentos

Nas diversas formas de processos de transformação das organizações, em muitos casos encontramos órgãos que mudam de denominação pelos mais variados motivos. Uns o fazem sem alterar a essência de suas atividades; em outras palavras, continuam fazendo o que sempre fizeram e trocam de nome só para mostrar que se "modernizaram nominalmente" e não estão defasados ou atrasados em relação aos outros em termos de titulação.

Em outros casos, a mudança de nome decorreu de alterações ocorridas na estrutura das atividades, com a criação ou a exclusão de algum órgão interno e a mudança de título é compreensível.

Em uma terceira situação, o fator determinante está localizado na metodologia, mas os órgãos ou as atividades continuam a fazer a mesma coisa que faziam antes, apenas mudando os métodos e os processos, mantendo inalterados os seus produtos.

Há outros que mudam sua missão, sua razão de ser, seus objetivos e propósitos e se valem de uma mudança de denominação para tornar isso público.

Finalmente, os que alteram sua titulação em decorrência de haverem ampliado a abrangência dos seus clientes ou promovido a delimitação dos mesmos apenas a determinadas categorias.

O fato é que se estruturou um *"benchmarking* de títulos", tão comum em algumas situações, onde o que se viu foi apenas aparência desacompanhada da essência, a forma desacompanhada do conteúdo.

Em outros casos, os títulos foram buscados apenas por interesses comerciais e sem qualquer propósito educativo ou de formação profissional, como é o caso do surgimento das "Academias da Cachaça", dos "Museus da Cachaça", das "Universidades do Chopp" e das "Universidades do Samba".

No âmbito da Administração e Recursos Humanos, encontrou-se o mesmo fenômeno, pois a mesma foi "batizada" com diversos nomes diferentes, tais como "Administração dos Talentos Humanos", "Administração de Pessoas" ou "Administração de Seres Humanos". Em alguns casos, a mudança foi determinada por algumas das razões já analisadas, sendo "só para constar", para aparentar modernidade e para não ficar diferente das demais.

O que se constata, assim, é uma tendência a se atribuir aos órgãos e às atividades alguns títulos que tentam alardear e elevar seu *status* e o seu nível de complexidade. Em outras situações, felizmente, a mudança está ancorada em fortes fundamentos técnico-operacionais que justificavam plenamente a transformação ocorrida, tendo-se constituído em um acerto louvável.

Na esfera da formação e do desenvolvimento de recursos humanos – T&D, a história também se repetiu e os mesmos motivos estiveram presentes. Em muitas situações, os novos títulos não guardavam compatibilidade com o conteúdo das atividades desenvolvidas pelo órgão. Nos contextos citados, é perfeitamente natural que o conceito de Universidade transitasse para outras atividades e chegasse a atingir o treinamento e o desenvolvimento de recursos humanos, certamente a atividade mais permeável e fértil para absorção da nova titulação, não só por suas atividades, objetivos, estruturação organizacional, modelos e funcionamento, metodologias de atuação, profissionais envolvidos, destinatários dos produtos e serviços, assim como seus clientes.

2. As Primeiras Experiências

Registre-se a criação de universidades livres, autônomas e independentes, sem as tradicionais conotações das antigas instituições conhecidas de todos, como se procura relatar em duas situações distintas.

No primeiro caso, com o patrocínio empresarial, registra-se uma das mais antigas e ricas experiências de Universidade Corporativa, com a criação da Universidade da Beleza, patrocinada pelo grupo Embeleze, localizado em Nova Iguaçu-RJ. Graças à visão de negócios, de treinamento e de educação de seu presidente que concebeu uma grande instituição voltada para o ensino e para a pesquisa de tudo o que se relacionasse com a beleza e de fazer as pessoas felizes pelo destaque de sua beleza física.

À semelhança de uma universidade, na Universidade da Beleza, a área de pesquisa estava orientada para a concepção, o desenvolvimento e o lançamento de novos produtos de beleza com foco nos clientes da organização. Por seu turno, a atividade de educação estava focada na formação e no desenvolvimento de profissionais para atuação na área de beleza. Enquanto uns eram preparados para atuar no processo industrial em todos os seus segmentos, outros eram preparados para atuação externa como profissionais de beleza (cabeleireiros, demonstradores, promotores, vendedores), inclusive como empregados de salões de beleza integrantes do mercado. O grande segredo da Universidade da Beleza é que a mesma não faz distinção entre marcas de produtos de beleza ou de equipamentos.

No segundo caso, tem-se a Universidade da Paz, em Brasília-DF, surgida da iniciativa de um grupo de profissionais voltados para a construção de uma sociedade melhor e mais justa, inspirada nos ensinamentos de Pierre Weil, doutor em Psicologia pela Universidade de Paris, ex-colaborador do antigo Banco da Lavoura de Minas Gerais. Pierre, em seus inúmeros e edificantes livros (*ABC das relações humanas*, *Amar e ser amado*, *O corpo fala*, *Relações Humanas na família e no trabalho*, dentre outros), sempre difundiu a idéia de uma sociedade melhor, onde a paz e a harmonia estivessem presentes.

Nessa tendência de se trocar os nomes das atividades ou dos órgãos, surgiram as Universidades Corporativas, criadas pelas organizações como centros de formação, de desenvolvimento e de crescimento de seus recursos humanos nas mais variadas competências e com as naturais diversidades de propósitos e de atuação.

3. Conceitos Básicos

A primeira universidade corporativa foi fundada em 1955 pela General Electric, com foco no aprimoramento de profissionais de alto nível que pudessem conduzir os seus negócios com padrões acentuados de excelência. Desde então, muitas organizações vêm aprimorando o conceito, transitando de um conceito físico e sala de aula para uma idéia de gestão estratégica do conhecimento. Na verdade, a expansão do conceito de Universidade Corporativa se deu no final da década de 80.

Tais decisões foram tomadas porque as organizações querem reagir, quebrando paradigmas tradicionais de separação entre empresas e universidades e trazendo para si a responsabilidade da coordenação do aprendizado e da educação de seus colaboradores. O objetivo é suprir as deficiências e aprimorar o sistema educacional tradicional, seja para atrair e reter talentos, seja para atender à gestão do seu capital intelectual.

Uma Universidade Corporativa é integrante do Sistema de Treinamento e Desenvolvimento de Recursos Humanos – T&D de uma organização, cabendo-lhe a gestão do conhecimento e do capital intelectual, assim como a sua mensuração, como principal ativo das organizações.

A Universidade Corporativa sobressai como resposta às necessidades sentidas pelas organizações ao investirem no desenvolvimento de seus colaboradores, demonstrando que estão preocupadas em vincular a educação à estratégia dos seus negócios. Nesse contexto, a primeira se apresenta como um dos mais férteis caminhos para que o segundo seja bem-sucedido.

A Universidade Corporativa é, também, uma forte evolução qualitativa da antiga e tradicional área de treinamento e desenvolvimento de recursos humanos, de tantas realizações e resultados benéficos para as organizações.

Não se pretende aqui caracterizar a Universidade Corporativa como um novo rótulo ou título da área de T&D, uma embalagem redesenhada, ou muito menos um modismo. A Universidade Corporativa já representa um poderoso instrumento viabilizador para a criação e o desenvolvimento de uma base humana, técnica e comportamental que dá sustentação ao desenvolvimento estratégico das organizações.

Alguns percebem a Universidade Corporativa como um grande guarda-chuva estratégico voltado para o treinamento e o desenvolvimento de colaboradores, clientes e fornecedores, buscando otimizar as estratégias organizacionais, alargando as percepções originais, nas quais a Universidade Corporativa voltava-se apenas para os colaboradores da organização. Este alargamento de visão foi resultado do alargamento do conceito de raios de ação das organizações, que atualmente se sentem responsáveis pelo alargamento das competências de clientes e fornecedores, atuais parceiros das organizações.

Em uma visão mais ampla e abrangente, de nível mais elevado, uma Universidade Corporativa pode-se constituir em um fortíssimo pólo irradiador e consolidador da cultura organizacional. Assim, pode ser, ao mesmo tempo, um centro de resultados capaz de sensibilizar os investidores em função do aumento do valor agregado do patrimônio líquido da organização.

4. Objetivos das Universidades Corporativas

Segundo o dicionário de Aurélio Buarque de Holanda (1ª edição, 1975), uma universidade é uma instituição de ensino superior que compreende um conjunto de faculdades ou escolas para especialização profissional e científica e tem por função precípua garantir a conservação e o progresso nos diversos ramos do conhecimento, pelo ensino e pela pesquisa.

Aqui começa a primeira diferença entre a instituição universitária e as Universidades Corporativas: as universidades são instituições de ensino superior, ao passo que as Universidades Corporativas não fazem distinção entre os alunos dos seus projetos, aceitando-os em qualquer nível, como é o caso da Universidade PETROBRAS em seus projetos de Desenvolvimento de Supervisores e outros.

A segunda diferença é que as instituições universitárias dedicam-se ao ensino e à pesquisa, abrangendo a sociedade como um todo, já as Universidades Corporativas, em sua maioria, voltam-se exclusivamente para o ensino. Mais especificamente falando, para o treinamento e o desenvolvimento dos recursos humanos em termos de conhecimentos, habilidades e atitudes, nas áreas de interesse exclusivo dos negócios de suas organizações patrocinadoras, o que lhes dá uma limitação de abrangência bem definida.

Assim, pode-se dizer que as Universidades Corporativas têm por objetivo servir aos legítimos interesses educacionais, de treinamento e desenvolvimento de recursos humanos de suas organizações patrocinadoras, dentre os quais se destacam:

- Atrair, motivar e reter os talentos da organização, contribuindo para o aumento da sua felicidade pessoal e realização profissional, dentro de um clima organizacional saudável, previsto no critério PESSOAS do Prêmio Nacional da Qualidade – PNQ.

- Atuar complementarmente às instituições formais de ensino na formação acadêmica dos profissionais das organizações, de clientes e de fornecedores, haja vista que as instituições tradicionais não têm velocidade para acompanhar o ritmo das mudanças.

- Capacitar e desenvolver os talentos da organização, habilitando-os a atuar coerentemente com o conceito de Organizações de Classe Mundial ou de Primeiro Mundo (PNQ-2006).

- Caracterizar enfaticamente que é de cada colaborador a responsabilidade primordial pelo seu próprio desenvolvimento, e que a Universidade Corporativa não é a única fonte de pesquisa para os que efetivamente querem crescer.

- Criar, desenvolver e disseminar a mentalidade de que treinamento é uma atividade semelhante às demais da organização e que tem o mesmo significado que trabalho, diferenciando-se no sentido de que é um trabalho que gera crescimento e competência dos que o praticam.

- Direcionar seus focos, recursos e esforços para certas áreas do negócio que necessitam de abordagem mais estratégica e prioritária, voltada para o crescimento da organização e do negócio.

- Disponibilizar e oferecer para os colaboradores oportunidades de alargamento de suas competências, inclusive através do autodesenvolvimento, com ênfase nos objetivos estratégicos da organização.

- "Elastecer, flexibilizar e expandir" o cérebro dos seres humanos através da aplicação dos mais diferentes sistemas e metodologias de aprendizado.
- Fomentar a disponibilização das várias formas e manifestações do conhecimento, contribuindo para a formação de Organizações de Classe Mundial ou de Primeiro Mundo (PNQ-2006).
- Promover a integração sinérgica e cooperativa entre as áreas da organização, assim como entre as organizações do mesmo grupo econômico, maximizando a sinergia das capacitações existentes.
- Promover a unificação das perspectivas organizacionais globais dos gerentes, favorecendo o alinhamento de suas visões, pensamentos e linhas de atuação, sem que isso lhes tire a sua individualidade e o seu senso crítico.
- Transformar a organização em uma Organização de Aprendizagem, na qual o conhecimento ou o capital intelectual sejam tratados como vantagem competitiva.

5. Vantagens das Universidades Corporativas

Para se analisar as vantagens das Universidades Corporativas, é preciso ter um referencial de comparação. O que parece ser o mais adequado é compará-las com os órgãos de treinamento e desenvolvimento de recursos humanos que lhes deram origem.

Assim, em relação àqueles órgãos, as Universidades Comparativas se sobressaem porque:

- Apresentam visão de negócios mais compartilhada e coesa.
- Possuem mais agilidade na multiplicação das informações.
- Apresentam programas alinhados à estratégia do negócio.
- Promovem a perpetuação da inteligência interna.

- Promovem a sinergia entre as metas e os resultados.
- Orientam-se para o planejamento e o desenvolvimento da carreira de cada indivíduo.
- Buscam o monitoramento da carreira de cada indivíduo, integrando-o com o processo sucessório.

6. Importância das Universidades Corporativas

Cresce a cada dia a importância e o destaque das Universidades Corporativas no contexto do funcionamento das organizações que as adotaram e que praticaram medidas adequadas para a sua implantação.

O grande elemento determinante da importância das Universidades Corporativas é o fato de que as mesmas têm estrutura e metodologias de trabalho que lhes permitem agregar valor para as organizações em uma intensidade maior do que os órgãos de treinamento e desenvolvimento T&D.

Deve ser registrado por uma questão de justiça que esta vantagem das Universidades Corporativas decorre do fato de que as organizações vislumbram nas Universidades Corporativas perspectivas não vistas na atividade de T&D e dão a elas *status*, prestígio, recursos e liberdade de ação que não eram anteriormente disponibilizados para a atividade de T&D. Daí, ser profundamente errado e injusto criticar-se os órgãos e as atividades de T&D, atribuindo-lhes menor efetividade do que as Universidades Corporativas.

A importância das Universidades Corporativas decorre dos seguintes fatos:

- Promoção do aumento do valor da organização para os clientes e acionistas pelo aumento da capacidade das pessoas.
- Criação e desenvolvimento de novos talentos humanos.
- Desenvolvimento da capacidade de autogerenciamento das pessoas, como decorrência de crescimento das mesmas e de criação de ambientes mais favoráveis.

- Fortalecimento e direcionamento para os valores e cultura desejados pela organização, no momento em que a mesma passa a dar valor a estes elementos.
- Promoção do alinhamento dos objetivos individuais dos colaboradores com os objetivos organizacionais.

7. Estrutura Organizacional

As Universidades Corporativas estão sendo implantadas com estruturas mínimas, com atividades e órgãos internos estritamente necessários. A tendência é que suas unidades internas sejam formadas por Escolas; a primeira a integrar a universidade é a Escola de Gestão Empresarial, voltada para a formação de líderes que venham a atuar como educadores e orientadores de suas equipes, talvez a necessidade mais premente no atual contexto da maioria das organizações.

Em termos de espaço físico e de disponibilidade de recursos auxiliares de ensino, cada organização definirá o dimensionamento de suas universidades. Não cabe estabelecer qualquer modelo ou padrão a ser seguido.

É interessante considerar que as estruturas organizacionais das Universidades Corporativas são altamente variáveis e se ajustam às características e necessidades de cada organização. No entanto, de forma geral, os seguintes núcleos de atividades são encontrados nos diversos tipos de universidades corporativas:

- Desenvolvimento comportamental.
- Desenvolvimento gerencial e de supervisores.
- Desenvolvimento organizacional.
- Desenvolvimento individual.
- Disseminação de informações.
- Divulgação das realizações.
- Educação, treinamento e desenvolvimento.

- Negócios organizacionais.
- Organização e disponibilização do conhecimento.
- Pesquisa e ensino.
- Pesquisa e disseminação de temas relacionados à qualidade.
- Disseminação de produtos e serviços organizacionais.
- Treinamento, educação e desenvolvimento.

8. Metodologia de Atuação

Também encontramos grande variedade nas metodologias de trabalho adotadas pelas Universidades Corporativas, cada uma delas se ajustando às características e às necessidades das organizações patrocinadoras.

De maneira geral, uma Universidade Corporativa centraliza as soluções de aprendizado para cada "família" de cargos e funções dentro da organização, já que seu foco está em dotar os colaboradores das competências necessárias para o bom desempenho das atividades inerentes aos seus cargos ou às suas funções. Com este foco, é-lhes possível a utilização do treinamento e do desenvolvimento como instrumento de massa, reduzindo os custos da atividade, definindo padrões comuns para atuação dos colaboradores e dos agentes externos que atuam em atividades docentes e de consultoria.

Também se constata que a Universidade Corporativa promove a administração de todo o processo de identificação, captação, organização, representação, transmissão, utilização e ajuste dos conhecimentos. O objetivo é elevar o nível de competência dos colaboradores, associados aos objetivos da organização e do negócio.

Finalmente, constata-se em todas as Universidades Corporativas uma valorização da adoção da metodologia de ensino a distância, quando o foco está no treinamento e no desenvolvimento de natureza técnica. Entretanto, nos casos de T&D que promovam mudanças comportamentais, as universidades optam pelas metodologias face a face, que permitem obter melhores resultados.

9. Equipe de Profissionais

As Universidades Corporativas normalmente recrutam seus instrutores e facilitadores dentro da própria organização. Este procedimento é compreensível porque uma das ênfases dadas pelas mesmas repousa na utilização de situações, casos e realidades internas para servirem de base para o desenvolvimento de seus projetos.

Casos há, entretanto, em que as universidades buscam fazê-lo externamente, valendo-se de consultores ou mesmo de fornecedores. Em ambos os casos, o que se espera dos profissionais convidados ou contratados para as funções docentes é que os mesmos demonstrem a posse das seguintes competências próprias de quem se dedica ao magistério:

- Competência técnica.
- Competência didática.
- Competência relacional.

10. Quando Optar pela Universidade Corporativa?

Uma questão que tem preocupado alguns dirigentes de organizações, os seus titulares da Administração de Recursos Humanos e dos órgãos de treinamento e desenvolvimento – T&D, está relacionada com a decisão de se adotar ou não a metodologia de gestão do crescimento e do desenvolvimento dos talentos através de uma Universidade Corporativa.

A experiência dos especialistas e das organizações que adotaram a gestão dos conhecimentos através daquelas universidades tem mostrado que alguns fatores devem pesar nesta decisão. Vale destacar que somente se deve buscar a adoção e a implantação de uma Universidade Corporativa nas seguintes situações:

- Quando existir um forte compromisso corporativo da totalidade dos dirigentes relacionados com a importância e o apoio ao desenvolvimento humano e tecnológico.
- Quando a organização tem como filosofia agregar valor continuamente aos seus produtos e serviços.

- Quando a organização se posiciona no mercado de maneira ética, criativa, visionária e competitiva, com o propósito de ser tida e vista como organização de Classe Mundial ou e Primeiro Mundo.
- Quando a organização tiver porte físico (volume de negócios, participação no mercado) para a adoção deste modelo de gestão dos talentos humanos.
- Quando o número de colaboradores (internos, externos, de fornecedores, de parceiros) justificar o investimento, que é expressivo.

11. Princípios Básicos para a Implantação

Caso a organização tenha feito as análises anteriores e decidiu optar pela adoção de uma Universidade Corporativa, a idéia deve ser bem amadurecida e, nos dizeres de Palmeira (2004), mãos-à-obra em termos de uma série de medidas preparatórias de se levar em conta alguns princípios básicos para que a iniciativa tenha sucesso. Dentre esses princípios se destacam:

- Definir e estabelecer o princípio de que a vocação para o aprendizado deve-se tornar um ato e uma prática gratificante e prazerosa.
- Considerar a universidade como mais uma unidade de negócios da organização e, como tal, submetida às mesmas regras de existência e funcionamento.
- Considerar a universidade como um centro de resultados ao em vez de um centro de custos.
- Definir atributos, indicadores e métrica de seus processos e resultados, como base para a avaliação.
- Definir e delimitar o público-alvo da universidade.
- Definir e disseminar os produtos e os serviços a serem oferecidos, com base nas necessidades organizacionais, operacionais e individuais.

- Definir os papéis e as interfaces da universidade com as demais funções e iniciativas organizacionais.
- Desenvolver seu modelo de gestão da universidade e a organização da mesma.
- Desenvolver um sistema de comunicação com todas as áreas da organização.
- Enfatizar o foco no pluralismo e na polivalência dos assuntos de interesse da constelação organizacional, com ênfase nos *stakeholders* da organização.
- Estruturar currículos ligados aos princípios, às crenças e aos valores da organização, funcionando como estímulo à consolidação da motivação dos colaboradores.
- Inserir os clientes, os fornecedores e a comunidade no "universo" da Universidade Corporativa.
- Promover a inserção da universidade corporativa no sistema de planejamento da organização para que seus produtos e serviços sejam tratados pelos indicadores de desempenho e de resultados.

12. Princípios Báicos para o Funcionamento

Da mesma forma que foram destacados alguns princípios básicos para a implantação das Universidades Corporativas, os especialistas recomendam a observação de alguns pontos mínimos que poderão viabilizar com sucesso o funcionamento das mesmas. Dentre eles, destacam-se:

- Monitorar permanentemente o meio ambiente e suas mudanças, identificando aquelas que afetam a organização.
- Envolver as lideranças no compromisso e no propósito de permanente multiplicação dos conhecimentos.
- Valorização da elaboração, catalogação e divulgação do uso de casos nacionais e da própria organização nos processos de ensino.

- Atuar prioritariamente em nichos que se constituem em vazios do conhecimento deixados pelo sistema formal de ensino.
- Desenvolver um sistema de comunicação com todas as áreas da organização.
- Enfatizar o foco no pluralismo e na polivalência dos assuntos de interesse da constelação organizacional, com ênfase nos *stakeholders* da organização.
- Enfatizar o compartilhamento à difusão das melhores práticas, da comemoração das vitórias e da apreciação analítica dos insucessos.
- Evitar cair e permanecer no tradicional regime acadêmico "sala de aula – aluno – professor".
- Estruturar currículos ligados aos princípios, às crenças e aos valores da organização, funcionando como estímulo à consolidação da motivação dos colaboradores.
- Identificar e compartilhar a visão estratégica de gestão do conhecimento com um propósito maior.
- Praticar a constante mensuração de processos e de resultados, assim como divulgá-los.
- Priorizar e incentivar o compartilhamento de dados e informações entre os colaboradores da organização, criando uma comunidade de aprendizagem.
- Privilegiar a aplicação de metodologias diversificadas, com permanente atualização tecnológica.
- Privilegiar forte orientação econômico-financeira para dar sustentação aos resultados.
- Revolucionar os métodos de treinamento e educação, adotando, por exemplo, metodologias de "boas práticas", treinamentos vivenciais etc.
- Transferir para o sistema formal de ensino os temas que sejam de interesse coletivo da sociedade.

13. Causas dos Insucessos

Mesmo tendo sido observados os pontos anteriores, na hipótese de algum insucesso a experiência mostra que há algumas possíveis causas determinantes, todas de natureza gerencial, decorrentes dos seguintes elementos:

- Administração superior não se dispôs, pessoalmente, a ser a grande mentora, apoiadora e prestigiadora da idéia. Apenas concordou com ela e permitiu que a universidade funcionasse.
- Adoção de processos amadores e pontuais, sem visão estratégica de longo prazo e do propósito da criação e do funcionamento da Universidade Corporativa.
- A universidade não foi vista como um grande investimento estratégico, mas apenas como um novo órgão de treinamento e desenvolvimento para, com uma nova roupagem, continuar a fazer o que já se fazia antes.

14. Visão de Futuro

Olhando as Universidades Corporativas sob a ótica do Planejamento Estratégico, é necessário antever-lhes o futuro e, ao mesmo tempo, trabalhar para que o mesmo se torne realidade. Assim, uma Universidade Corporativa tem o poder de levar os profissionais de treinamento e desenvolvimento de recursos humanos – T&D a terem as seguintes visões a seu respeito e, como tal, a trabalharem para materializá-las:

- Agregadora de valor às estratégias da organização.
- Impulsionadora da qualificação humana e profissional.
- Disseminadora dos valores e propósitos da organização.
- Orientadora dos programas internos rumo à melhoria dos resultados.
- Promotora do crescimento do capital intelectual dos colaboradores.
- Agente eficaz de apoio ao conhecimento.
- Diferencial competitivo.

capítulo 8
Retorno do Investimento em Projetos de T&D

"As medidas de desempenho são os 'sinais vitais' da organização."

Steven M. Hronec

| SUMÁRIO DO CAPÍTULO: | 1. Fundamentos
2. Metodologia de Cálculo
3. Aplicabilidade dos Resultados |
|---|---|
| OBJETIVOS DE APRENDIZAGEM: | **Depois de estudar este capítulo, você deverá estar apto a:**
1. Conceituar Taxa de Retorno do Investimento – TRI.
2. Discorrer sobre a TRI em Treinamento e Desenvolvimento de Recursos Humanos – T&D.
3. Discorrer sobre as principais dificuldades apontadas para o cálculo da TRI em T&D.
4. Discorrer sobre a metodologia de cálculo da TRI em T&D. |

1. Fundamentos

A literatura sobre Treinamento e Desenvolvimento de Recursos Humanos – T&D tem procurado demonstrar as dificuldades enfrentadas pelos especialistas para promover o cálculo da taxa de retorno do investimento feito em um projeto de T&D. Mais recentemente, tem reconhecido que esforços têm sido feitos para superá-la, e constata-se que a mesma não está no cálculo da taxa de retorno em si própria. Muito pelo contrário, repousa nas dificuldades de se lidar com números, taxas, indicadores e cálculos estatísticos, além da inexistência de hábitos de lidarem com números e na existência de uma visão distorcida que possuem a respeito da atividade, em termos de seus objetivos, métodos e processos. A principal distorção está em tender a vê-la somente pelo prisma da educação e da dimensão humana, sem tratá-la, paralelamente, pela ótica de um negócio como outro qualquer, que precisa ser tratado empresarialmente, inclusive pela ótica da lucratividade.

Outrossim, a pequena presença de profissionais de outros ramos de atividades e com outras formações profissionais nos cargos gerenciais dos órgãos de T&D limita bastante a visão das equipes sobre a necessidade de se demonstrar que a atividade é rentável, que essa rentabilidade tem de ser demonstrada com números que se constituem na linguagem que os empresários entendem e levam em conta no momento de tomar suas decisões por novos investimentos. Assim, os empresários tendem a tomar decisões favoráveis àqueles itens de investimentos que apresentam as melhores taxas de retorno.

Já é manso e pacífico para os profissionais que a atividade de T&D se constitui em um dos mais importantes investimentos que se faz nas organizações, exatamente porque se aplica recursos no recurso impulsionador de todos os demais e que maximiza o seu uso. Investir nas pessoas significa dotá-las das competências necessárias para otimizar o uso de todos os demais recursos, maximizando os retornos que poderão advir de seu ótimo uso.

Assim, a atividade de avaliação do T&D enfatiza as suas dimensões e mostra os possíveis benefícios ou ganhos advindos do trabalho realizado. Além disso, é uma fonte para pesquisas que mostrem as possibilidades de analisar quais benefícios ou ganhos se tornam potencialmente favoráveis a serem tomados como base para calcular o retorno dos investimentos feitos em cada projeto conduzido.

Tem-se, então, a certeza de que a avaliação de resultados dos projetos de T&D mostra o que pode ser avaliado ou, em termos mais objetivos, quais os ganhos ou benefícios decorrentes. Uma observação mais atenta do processo de avaliação mostrará evidências factuais das transformações ocorridas em termos de resultados práticos, objetivos e perfeitamente mensuráveis. Em outras palavras, quanto mais o detalhamento da avaliação é feito, mais se pode medir ou mensurar os resultados decorrentes da atividade de formação e desenvolvimento – T&D e mais se tem possibilidades de calcular a Taxa de Retorno do Investimento (TRI) de cada projeto.

Esta afirmativas ficam mais evidentes ao se analisarem alguns itens de um Plano de Avaliação pós-projeto de T&D, como explicitado na Figura 27. Nesse plano, uma das dimensões de avaliação é a Taxa de Retorno sobre o investimento feito, que aparece como sendo vinculada aos resultados obtidos por unidade monetária investida.

Como se vê, calcular a taxa de retorno depende exclusivamente da disponibilidade de dois dados numéricos e financeiros:

- O montante dos investimentos feitos em cada projeto.
- O montante financeiro decorrente dos resultados de cada projeto.

No primeiro caso, aparentemente não há qualquer dificuldade neste cálculo, perfeitamente disponível nos sistemas contábeis e financeiros da totalidade das organizações, de vez que não são informações confidenciais.

No segundo, requerer-se-á dos interessados exercícios adicionais de definição dos principais resultados decorrentes de cada projeto, da quantificação dos mesmos e de sua transformação em valores financeiros.

Plano de Avaliação Pós-projetos de Capacitação e Desenvolvimento de Pessoas

Dimensões da Avaliação	O que Pode Ser Avalaido
• Competências cognitivas.	• Transformações cognitivas.
	• Incorporação dos novos conhecimentos.
• Competências psicomotoras.	• Transformações psicomotoras.
	• Incorporação de novas habilidades.
• Competências comportamentais.	• Transformações comportamentais.
	• Incorporação de novas atitudes e comportamentos.
• Aplicabilidade das novas competências.	• Aplicação dos novos conhecimentos, habilidades e atitudes às realidades profissional e social.
• Atingimento dos objetivos.	• Incorporação de novas competências expressas nos objetivos de aprendizagem.
• Satisfação das necessidades.	• Eliminação ou minimização das necessidades identificadas.
• Benefícios para a organização.	• Maior produtividade. • Maior volume. • Maior qualidade. • Clientes satisfeitos. • Excelência organizacional.
• Retorno do investimento.	• Resultados obtidos por unidade monetária investida.

Figura 27 – Detalhamento do Plano de Avaliação Pós-projeto de Capacitação e Desenvolvimento de Pessoas

É exatamente neste segundo caso que emergem as dificuldades citadas, exatamente pela falta de profissionais com competências e habilidades para realizar os trabalhos e pela falta de uma tradição dos profissionais de T&D de lidar com números.

Entretanto, em vez de se apontar dificuldades, é preciso começar a trabalhar no sentido de superá-las e não se ficar buscando desculpas para não realizar a atividade. Usando-se a expressão de Palmeira (2004): Mãos-à-obra! e que se busque reforçar as equipes com a presença de pessoas especializadas, ou que cada profissional existente busque se especializar no manejo de números e alargue as suas competências para fazê-lo, agregando valor ao que já faz. Mais ainda, que cada profissional busque encontrar formas de medir como os resultados da atividade de T&D retorna para as organizações.

O presente capítulo pretende ser mais uma contribuição que se disponibiliza para os profissionais de T&D mostrando uma forma de se calcular o retorno do investimento feito. Não é uma palavra final, apenas mais uma contribuição.

2. Metodologia de Cálculo

De início, é importante considerar que a metodologia ora sugerida trará como resultado do cálculo uma estimativa do tempo em que o investimento demorará para retornar à organização. Em outras palavras, em quanto tempo o investimento retorna?

Em seguida, é necessário que se busque quantificar os resultados decorrentes daqueles projetos de natureza comportamental que, curiosamente, também podem ser especificados não pelos resultados do projeto em si, mas sim pela quantificação das novas situações decorrentes do projeto desenvolvido. A presente metodologia, ainda incipiente e sendo aprimorada pelo autor, é discutida na presente metodologia de cálculo, através de alguns exemplos simples e experimentais.

Para o cálculo da Taxa de Retorno do Investimento – TRI, basta que se adote a seguinte relação numérica:

$$TRI = \frac{\text{Quantificação Financeira de Resultados}}{\text{Investimento feito no Projeto}}$$

Com base neste raciocínio, a TRI poderá ser facilmente calculada nos exemplos simples e práticos abaixo enumerados.

1. Um projeto de T&D fez com que fossem adquiridas novas habilidades motoras pelos colaboradores de uma organização, trazendo ganhos de produtividade da ordem de R$ 1.000,00 por mês. No mesmo projeto, a organização investiu a quantia de R$ 1.000,00. A TRI resultante da divisão é 1 (100%), significando que o investimento retorna em um mês para a organização.

2. Um projeto de T&D para a aplicação da metodologia de Análise de Valor resultou na eliminação de desperdício, com um benefício de R$ 10.000,00 por mês. Naquele projeto, foi investida a importância de R$ 50.000,00. A TRI resultante é 0,2 (20%), significando que o investimento retorna para a organização em cinco meses.

3. Um projeto de T&D de natureza predominantemente comportamental, de mudanças de hábitos e atitudes em relação à Segurança Industrial, resultou na redução do coeficiente de gravidade, trazendo redução dos afastamentos por acidentes, culminando com um benefício de R$ 5.000,00 por mês. Naquele projeto, foi investida a importância de R$10.000,00. A TRI resultante é 0,5 (50%), significando que o investimento retorna em dois meses.

Como se pode observar, não há qualquer dificuldade ou mistério que impeça que uma organização inicie o cálculo da Taxa de Retorno sobre o Investimento – TRI. Apenas é fundamental que algumas condições básicas estejam presentes, a saber:

- Um bom sistema de contabilidade de custos para disponibilizar dados e informações relacionados com os investimentos em treinamento e desenvolvimento e as economias obtidas com os seus resultados.

- Uma aproximação entre os profissionais da Administração de Recursos Humanos e os de Contabilidade de Custos, para que os primeiros considerem os segundos como seus fornecedores e parceiros.

- A adoção de comportamentos positivos em relação a números, indicadores e sistemas de acompanhamento e medição por parte dos profissionais de todas as áreas, principalmente aqueles da Administração de Recursos Humanos.

- Uma consciência muito forte por parte de todos os interessados no sentido de considerarem fortemente as afirmativas de Hronec (1994) que enfatiza que "você não poderá gerenciar aquilo que não conseguir quantificar".

- A incorporação do hábito de lidar com números e com a estatística como elementos básicos e fundamentais para a vida de todos os profissionais que querem fazer a diferença, sobretudo no que tange à medição da satisfação dos clientes (Hayes, 2001).

3. Aplicabilidade dos Resultados

Quando se analisa um projeto de T&D sob a ótica dos investimentos que são realizados para dar-lhe sustentação, os resultados desta análise permitem aos gerentes tomar decisões que significam manter determinados projetos, eliminar outros ou mesmo aprimorar a estrutura de alguns para que tenham sua rentabilidade garantida. Os resultados destas análises nos permitem tomar os seus resultados e aplicá-los, destacando-se as seguintes aplicabilidades:

- Demonstrar que atividade de T&D e os seus projetos são de natureza organizacional, semelhante às demais atividades, devendo ter seus processos e resultados medidos e avaliados, inclusive econômica e financeiramente, permitindo que as organizações tomem decisões sobre os mesmos.

- Mostrar quais os projetos de T&D são econômica e financeiramente viáveis e os prazos necessários para que os investimentos neles feitos retornem sob forma de recuperação dos investimentos feitos e de lucros.

- Permitir a realização de estudos que demonstrem quais são as rubricas de custos de cada projeto de T&D que permitem retornos mais expressivos.

- Evidenciar quais os projetos de T&D apresentam as melhores taxas de retorno de investimento e, como tal, devem ser tratados com prioridade.

anexo

Projeto de Treinamento e de Desenvolvimento de Recursos Humanos – T&D

INTEGRANTES DO GRUPO

Participantes	Organização

I IDENTIFICAÇÃO DO PROJETO	
Título:	Código:
Áreas Interessadas:	
Coordenador Técnico:	
Coordenador Administrativo:	
Público-alvo:	

2 – Necessidades Identificadas

❏ _____
_____
_____

❏ _____
_____
_____

❏ _____
_____
_____

❏ _____
_____
_____

❏ _____
_____
_____

❏ _____
_____
_____

❏ _____
_____
_____

❏ _____
_____
_____

❏ _____
_____
_____

❏ _____
_____
_____

3 – Justificativa do Projeto

4 – Perfil Ideal dos Participantes
Cargos ocupados, funções desenvolvidas, escolaridade mínima, experiência profissional etc.

❑ _____

❑ _____

❑ _____

❑ _____

❑ _____

5 – Objetivos do Projeto
Geral:
_____
_____
_____
_____
_____
_____
_____

Específicos:
- ❑ _____
- ❑ _____
- ❑ _____
- ❑ _____
- ❑ _____
- ❑ _____
- ❑ _____
- ❑ _____

6 – Conteúdo Programático

❏ _____
_____
_____

❏ _____
_____
_____

❏ _____
_____
_____

❏ _____
_____
_____

❏ _____
_____
_____

❏ _____
_____
_____

❏ _____
_____
_____

❏ _____
_____
_____

❏ _____
_____
_____

❏ _____
_____
_____

❏ _____
_____
_____

7 – Metodologia de Transmissão do Conteúdo Programático

❑ _____

❑ _____

❑ _____

❑ _____

8 – Instrutores Indicados

❑ _____

❑ _____

❑ _____

❑ _____

❑ _____

9 – Carga Horária Prevista: _____ (Horas)

10 – PREVISÃO ORÇAMENTÁRIA – R$ 1,00		
Rubricas	Total	Unitário
Pessoal		
Pessoal Próprio		
Encargos Sociais		
Benefícios		
Outros		
Material		
Materiais Didáticos		
Materiais de Consumo		
Outros		
Serviços de Terceiros		
Instrutores		
Outros Profissionais		
Locais		
Equipamentos		
Locações		
Passagens		
Hospedagens		
Alimentação		
Transportes		
Traduções		
Apoio Logístico		
Outros		
Encargos Diversos		
Impostos		
Taxas		
Outros		
TOTAL:		
Custo por Participante:		
Custo por Hora:		

11 – Plano de Avaliação do Projeto

Quem Serão os Avaliadores (Quem Avaliará)?

-
-
-
-
-

Que Aspectos do Projeto Serão Avaliados (O que se Avaliará)?

-
-
-
-
-

Em que Momentos Ocorrerão as Avaliações (Quando se Avaliará)?

❏ _____

❏ _____

❏ _____

❏ _____

❏ _____

Como Serão Feitas as Avaliações e Quais Instrumentos Serão Utilizados (Como se Avaliará? Com Que se Avaliará)?

❏ _____

❏ _____

❏ _____

❏ _____

❏ _____

Quais as Aplicações dos Resultados das Avaliações (Em que se Aplicará os Resultados, Quais os Resultados Esperados das Aplicações)?

❏ _____

❏ _____

❏ _____

❏ _____

❏ _____

12 – Horários Adequados

13 – Período de Realização do Projeto

14 – Local de Realização

/ anexo II

Previsão Orçamentária e Taxa de Inscrição no Evento

Rubricas	Valores – R$ 1,00
Local do Evento	
Auditório	
Decoração:	
Bandeiras	
Faixas	
Flores	
Galhardetes	
Sala de coordenação	
Salas de reuniões	
Stands	
Máquinas e Equipamentos	
Canhão	
Copiadoras	
Equipamentos de som e vídeo	
Fax	
Flip-chart	
Máquina de escrever	
Microcomputador com impressora e *scanner*	
Projetor de *slides*	
Quadros para giz e para pincéis	
Retroprojetor, com lâmpadas extras	
Telas	
Telefones	
Telões	
Videocassete com televisão	
Serviços de Terceiros	
Alimentação:	
Bebidas	
Coquetéis	
Lanches	
Refeições	
Correios e telégrafos	
Divulgação:	
Jornais	
Mala direta	
Rádios	
Revistas	
Televisão	

Rubricas	Valores – R$ 1,00
Serviços de Terceiros (cont.)	
Filmagem	
Fotografias	
Gravação	
Hospedagens	
Sinalização do local	
Shows	
Transportes:	
Rodoviário	
Táxis	
Aéreo	
Visitas técnicas	
Materiais	
Materiais de Consumo:	
Álcool	
Algodão	
Barbantes	
Benjamim	
Blocos	
Borrachas	
Brindes	
Caixas de papelão	
Canetas para transparências	
Canetas	
Carbono	
Cartolina	
Cinzeiros	
Clipes	
Cola	
Divisórias	
Elásticos	
Envelopes	
Espátulas	
Esquadros	
Etiquetas adesivas	
Extensão de luz	
Cartões telefônicos	
Fita crepe	

Rubricas	Valores – R$ 1,00
Materiais de Consumo (cont.):	
Fita gomada	
Flanelas	
Furador de papel	
Grampeador	
Grampos	
Lápis	
Livros didáticos	
Papel cartão	
Papel para *flip-chart*	
Pastas	
Percevejos	
Pincéis atômicos	
Réguas	
Tesouras	
Transparências	
Varetas para apontar	
Materiais Didáticos:	
Livros	
Apostilas	
Jogos e exercícios	
Reprografia:	
Folhetos	
Anais do evento	
Artes-finais	
Cartazes	
Certificados	
Crachás	
Envelopes	
Ficha de cadastro de participante	
Ficha de perguntas	
Folha de avaliação	
Matrizes	
Material didático	
Papel-carta	
Pasta do evento	
Porta-crachá	
Programa oficial	
Ticket de refeições	

Rubricas	Valores – R$ 1,00
Pessoal:	
Conferencistas	
Locutores	
De secretária	
De recepção	
Encargos Diversos:	
Impostos e taxas	
Comunicações:	
Telefones	
Fax	
Internet	
Total Geral:	
Número Previsto de Pagantes:	
Custo por Pagante:	
Taxa de Administração:	
Taxa de Inscrição:	
Taxa de Inscrição para Estudantes:	
Vagas Gratuitas:	

anexo III

Cronograma de Realização

PROJETO:							CÓDIGO:
PERÍODO DE REALIZAÇÃO:							
			MESES				
ATIVIDADES	A	B	C	D	E	F	
IDENTIFICAÇÃO DAS NECESSIDADES							
Necessidades identificadas							
Relatório pronto							
Relatório analisado com gerentes							
Necessidades consolidadas							
Gerentes informados							
PLANEJAMENTO							
Objetivo geral definido							
Perfil dos participantes definido							
Esquemas de avaliações definidos							
Perfil dos instrutores definido							
PROGRAMAÇÃO							
Objetivos específicos definidos							
Conteúdo programático elaborado							
Metodologia estabelecida							
Carga horária estabelecida							
Esquemas de avaliações definido							
Local de realização escolhido							
Entidade executora escolhida							

ATIVIDADES	MESES					
	A	B	C	D	E	F
Entidade executora contratada						
Instrutores escolhidos						
Instrutores contratados						
Reuniões com os instrutores realizadas						
Período de realização definido						
Horários estabelecidos						
Orçamento concluído						
Orçamento aprovado						
Divulgação concluída						
Inscrições iniciadas						
Participantes escolhidos						
Inscrições confirmadas						
Instrumentos de avaliação prontos						
Participantes convocados						
Material didático preparado						
Materiais de consumo providenciados						
Recursos audiovisuais providenciados						
Planos de aulas prontos						
EXECUÇÃO						
Disciplinas conduzidas						
Provas, testes e trabalhos aplicados						
Instrutores avaliados						
Certificados expedidos						
Registros nos assentamentos individuais						

CRONOGRAMA DE REALIZAÇÃO

ATIVIDADES	MESES					
	A	B	C	D	E	F
AVALIAÇÃO						
Instrumentos de avaliação						
Dados tabulados						
Informações analisadas						
Avaliação concluída						
Sugestões elaboradas						
Relatório concluído						
RELATÓRIO FINAL						
Dados e informações obtidos						
Dados e informações consolidado						
Relatório final concluído						
Relatório final enviado						
Relatório final aprovado						
Recomendações implantada						
AVALIAÇÃO PÓS-CURSO						
Instrumentos aplicados						
Dados tabulados						
Informações analisadas						
Avaliação concluída						
Sugestões elaboradas						
Relatório pronto						
Relatório enviado						
Relatório aprovado						
Recomendações implantadas						

anexo IV

*Lista de Atividades para
Organização de Eventos*

Antes do Evento

A – COORDENAÇÃO GERAL

- ❏ Análise dos pontos fortes e pontos fracos.
- ❏ Aperfeiçoar o planejamento.
- ❏ Apresentador oficial.
- ❏ Avaliação dos resultados.
- ❏ Coordenação geral do evento.
- ❏ Definição do local de realização.
- ❏ Definição do período de realização.
- ❏ Definição do programa.
- ❏ Definição do tema central.
- ❏ Definição dos objetivos do evento.
- ❏ Esquema geral de divulgação.
- ❏ Indicação dos componentes da mesa de abertura.
- ❏ Indicação dos componentes da mesa de encerramento.
- ❏ Indicação das entidades apoiadoras.
- ❏ Indicação dos coordenadores das áreas.
- ❏ Indicação dos painelistas.
- ❏ Indicação dos palestrantes.
- ❏ Indicação dos presidentes de mesas.
- ❏ Iniciar estruturação do próximo evento.
- ❏ Número de participantes.
- ❏ Serviços e materiais oferecidos.
- ❏ Taxa de inscrição.

B – COORDENAÇÃO TÉCNICA

- ❏ Elaboração do programa.
- ❏ Articulação das entidades e dos profissionais.
- ❏ Formalização dos convites dos participantes.
- ❏ Coordenação técnica, antes, durante e depois do evento.
- ❏ Aprovação do conteúdo dos folhetos.
- ❏ Escolha do apresentador oficial.
- ❏ Instrumento de avaliação.
- ❏ Currículo dos presidentes de mesa, conferencistas e painelistas.
- ❏ Informar e atualizar presidentes de mesas, conferencistas e painelistas quanto aos dados gerais do evento.
- ❏ Solicitar materiais para duplicar.
- ❏ Encaminhar material de leitura prévia.
- ❏ Elaborar estrutura das sessões de abertura e de encerramento.
- ❏ Composição da mesa.
- ❏ Oradores.
- ❏ Roteiro.
- ❏ Cartas de agradecimento.
- ❏ Indicar controlador e sinalizador dos tempos dos painéis e conferências.

C – Coordenação Administrativa

- ❏ Escolher, contratar e preparar local.
- ❏ Organizar a secretaria do evento.
- ❏ Adquirir materiais de consumo.
- ❏ Duplicar material impresso.
- ❏ Preparar pastas.
- ❏ Providenciar crachás.
- ❏ Indicar operador de audiovisuais.
- ❏ Providenciar correspondências.
- ❏ Mala direta.
- ❏ Brindes.
- ❏ Passagens, *vauchers* de táxis.
- ❏ Hospedagens.
- ❏ Alimentação.
- ❏ Fotografias.
- ❏ Filmagens.
- ❏ Vendas de livros.
- ❏ Controle dos horários do pessoal hospedado.
- ❏ Lista de participantes, por hospedagens.
- ❏ Disponibilidades de lazer.

D – Coordenação Financeira

- ❏ Contabilização.
- ❏ Contas bancárias.
- ❏ Definição das taxas de inscrição.
- ❏ Elaboração do orçamento.
- ❏ Pagamentos e recebimentos.
- ❏ Recibos ou notas fiscais.

E – Coordenação de Comunicações

- ❏ Esquema de avisos para participantes (em articulação com área administrativa).
- ❏ Apresentações artísticas.
- ❏ Busca de patrocínios.
- ❏ Recepção nos dias do evento.
- ❏ Elaboração dos folhetos.
- ❏ Propaganda e publicidade:
  - *assessoria de imprensa;*
  - *jornais e folhetos de entidades;*
  - *jornais dos municípios;*
  - *associações comerciais e industriais;*
  - *entidades classistas;*
  - *prefeituras;*
  - *rádios;*

- *televisão;*
- *revistas especializadas;*
- *ônibus;*
- *metro;*
- *lojas especializadas.*

Durante o Evento

A – COORDENAÇÃO GERAL
- ❏ Coordenação geral do evento.

B – COORDENAÇÃO TÉCNICA
- ❏ Coordenação técnica do evento.

C – COORDENAÇÃO ADMINISTRATIVA
- ❏ Operação da secretaria.
- ❏ Preparo, recepção, expedição de correspondências.
- ❏ Operação dos audiovisuais.
- ❏ Articulação com a administração do local do evento.
- ❏ Suprimento de brindes.
- ❏ Alimentação.
- ❏ Passagens.
- ❏ Hospedagens.
- ❏ Fotografias.
- ❏ Filmagens.
- ❏ Reprografia.
- ❏ Vendas de livros.
- ❏ Controles dos horários.
- ❏ Orientação de lazer.

D – COORDENAÇÃO DE COMUNICAÇÃO
- ❏ Atendimento à imprensa.
- ❏ Atendimento a visitantes.
- ❏ Atendimento a presidentes de mesa, conferencistas e painelistas.
- ❏ Divulgação dos avisos e recados.
- ❏ Apresentações artísticas.

E – COORDENAÇÃO FINANCEIRA.
- ❏ Recebimentos.
- ❏ Pagamentos.
- ❏ Emissão de notas fiscais.

Depois do Evento

A – COORDENAÇÃO GERAL
- ❏ Avaliação dos resultados.
- ❏ Análise dos pontos fortes e pontos fracos.
- ❏ Aperfeiçoar planejamento.
- ❏ Iniciar estruturação do próximo evento.

B – COORDENAÇÃO TÉCNICA
- ❏ Avaliação dos resultados.
- ❏ Análise dos pontos fortes e pontos fracos.
- ❏ Aperfeiçoar o planejamento.
- ❏ Iniciar estruturação do próximo evento.

C – COORDENAÇÃO ADMINISTRATIVA
- ❏ Encerrar contratos firmados.
- ❏ Recolher e guardar sobras de materiais.
- ❏ Avaliação dos resultados.
- ❏ Análise dos pontos fortes e pontos fracos.
- ❏ Aperfeiçoar o planejamento.
- ❏ Iniciar estruturação do próximo evento.

D – COORDENAÇÃO DE COMUNICAÇÃO
- ❏ Encerrar contratos firmados.
- ❏ Avaliação dos resultados.
- ❏ Promover divulgação dos resultados.
- ❏ Análise dos pontos fortes e pontos fracos.
- ❏ Aperfeiçoar o planejamento.
- ❏ Iniciar estruturação do próximo evento.

D – COORDENAÇÃO FINANCEIRA
- ❏ Realização do balanço financeiro.
- ❏ Distribuição dos resultados financeiros.
- ❏ Avaliação dos resultados.
- ❏ Análise dos pontos fortes e pontos fracos.
- ❏ Aperfeiçoar o planejamento.
- ❏ Iniciar estruturação do próximo evento.

anexo V

Relatório Final

I – IDENTIFICAÇÃO DO PROJETO
Título: Código:
Áreas Interessadas:
Coordenador Técnico:
Coordenador Administrativo:

PARTICIPANTES
1 –
2 –
3 –
4 –
5 –
6 –
7 –
8 –
9 –
10 –
11 –
12 –
13 –
14 –
15 –
16 –
17 –
18 –
19 –
20 –
21 –
22 –
23 –
24 –
25 –

JUSTIFICATIVAS

OBJETIVOS ESPECÍFICOS

CONTEÚDO PROGRAMÁTICO

METODOLOGIA DE CONDUÇÃO

CARGA HORÁRIA (HORAS)

HORÁRIO

PERÍODO DE REALIZAÇÃO

LOCAL DE REALIZAÇÃO

INSTRUTOR(ES)

EXECUÇÃO ORÇAMENTÁRIA – R$ 1,00		
RUBRICAS	**TOTAL**	**UNITÁRIO**
Pessoal:		
Pessoal próprio		
Encargos sociais		
Benefícios		
Outros		
Material:		
Materiais didáticos		
Materiais de consumo		
Outros		
Serviços de Terceiros:		
Instrutores		
Outros profissionais		
Locais		
Equipamentos		
Locações		
Passagens		
Hospedagens		
Alimentação		
Transportes		
Traduções		
Apoio logístico		
Outros		
Encargos Diversos:		
Impostos		
Taxas		
Outros		
Total:		
Custo por Participante:		
Custo por Hora:		

RESULTADO DAS AVALIAÇÕES

❏ Do Conteúdo Programático: _____
_____
_____

❏ Dos Processos: _____
_____
_____

❏ Dos Instrutores: _____
_____
_____

❏ Da Coordenação Técnica: _____
_____
_____

❏ Da Organização do Evento (local, atendimento, alimentação, coordenação, alimentação etc.):
_____
_____

❏ Do Atendimento dos Objetivos: _____
_____
_____

❏ Da Futura Aplicabilidade Prática: _____
_____
_____

❏ Dos Resultados: _____
_____
_____

CONCLUSÕES E RECOMENDAÇÕES:

LOCAL E DATA:

COORDENADORES:

Referências Bibliográficas

ABREU, M. C. e MASETTO, M. T. *O professor universitário em aula*. Belo Horizonte, 1990.

ABREU, Romeu Carlos Lopes de. *Análise de valor: um caminho criativo para a otimização dos custos e do uso de recursos*. Rio de Janeiro: Qualitymark, 1996.

_____. *Círculos de controle da qualidade – CCQ: A integração trabalho-homem-qualidade total*. Rio de Janeiro: Qualitymark, 1991.

_____. *Elaboração e coordenação de projetos de desenvolvimento de recursos humanos – T&D*. Rio de Janeiro: Edição do Autor, 2005.

_____. *A trilogia do sucesso em desenvolvimento de recursos humanos*, in: Revista Banas Qualidade, n° 164, pp. 24-28, jan. 2006, São Paulo: Editora Banas.

ADLER, Stella. *Técnicas de representação teatral*. Rio de Janeiro: Civilização Brasileira, 1988.

ALBRECHT, Karl. *A única coisa que importa: trazendo o poder do cliente para dentro de sua empresa*. Tradução Nivaldo Montingelli Jr. São Paulo: Pioneira, 1993.

ALVES, A. R.; PASQUALI, L. e PEREIRA, M. A. de M. *Escala de satisfação com o treinamento*. ESAST/TELEBRAS/UNB, in: Revista de Administração de Empresas, v. 39, n° 1, pp. 25-30, jan./mar. 1999. São Paulo: Fundação Getúlio Vargas.

ARAUJO, L. C. G. de. *Organização, sistemas e métodos e as modernas ferramentas de gestão organizacional: arquitetura, benchmarking, empowerment, gestão pela qualidade total, reengenharia*. São Paulo: Atlas, 2001.

_____. *Tecnologias de gestão organizacional*. São Paulo: Atlas, 2001.

Associação Brasileira de Normas Técnicas – ABNT. *Norma NBR ISO 10015 – gestão da qualidade – Diretrizes para o treinamento.* Rio de Janeiro, 2001.

BARTH, P. e MARTINS, R. C. *Aprendizagem vivencial em treinamento e educação.* Rio de Janeiro: Intercultural, 1996.

BASTOS, Octávio Paulo Manso. *Diagnóstico e avaliação do T&D*, in: Manual de Treinamento e Desenvolvimento ABTD. Coordenador Gustavo G. Boog. São Paulo: Makron Books, 1994.

BATITUCCI, Marcio Dayrell. *Recursos humanos 100: A função do RH no terceiro milênio.* Rio de Janeiro: Qualitymark, 2000.

BÍSCARO, A. W. *Métodos e técnicas em T&D*, in: Manual de Treinamento e Desenvolvimento – 3ª edição atualizada e ampliada. São Paulo: Makron Books, 1999.

BLOOM, H. e M. *Handbook of formative and summative evaluation of student learning.* New York: McGraw-Hill Co., 1971.

Boog, G. G. *Desenvolvimento de recursos humanos: investimento com retorno?* São Paulo: McGraw-Hill, 1980.

BRASIL. Escola Nacional de Administração Pública. *Perfil dos dirigentes de Recursos Humanos na administração pública federal.* Brasília: ENAP, 2000.

_____. Ministério da Defesa. Exército Brasileiro. Centro de Estudos do Pessoal do Exército. Rio de Janeiro: *Catálogo de Especificação de Cargos e Atribuições de Subtenentes e Sargentos.* www.catalogo,cep.ensino.eb.br/subsgt/modanalsgt.doc. Acessado em 25/6/2002.

BROWN, G. *Jogos cooperativos – teoria e prática.* São Paulo: Sinodal, 1995.

BRUCE, A. e LANGDON, K. *Como gerenciar projetos.* Tradução PUBLIFOLHA. São Paulo: PUBLIFOLHA, 2000.

CARDOSO, F. de C. e PESTANA, T. M. P. *Treinamento on-line (e-learning).* In: Manual de Treinamento e Desenvolvimento: Um guia de operações. Manual Oficial da ABTD. São Paulo: Makron Books, 2001.

CARVALHO, A. V. de. *Treinamento: princípios, métodos e técnicas.* São Paulo: Pioneira Thomson Learning, 2001.

_____. *Manual de gerência de treinamento.* Vol. 1. São Paulo: Management Center do Brasil (MCB), 1985.

_____. *Treinamento de Recursos Humanos.* São Paulo: Pioneira, 1988.

CHIAVENATO, I. *Gestão de pessoas: O novo papel dos recursos humanos nas organizações.* Rio de Janeiro: Campus, 1999.

CUKIERMAN, Z. S. *O modelo PERT/CPM aplicado a projetos.* 5ª edição revista e ampliada. Rio de Janeiro: Qualitymark, 1993.

DAVIES, I. K. *A organização do treinamento.* Tradução de Miguel Antônio Almeida Gabriel. São Paulo: McGraw-Hill do Brasil, 1976.

DE BONO, E. *A técnica dos seis chapéus.* Rio de Janeiro, Ediouro, 1993.

FAILDE, I. *Dramatização e dinâmica de grupo.* In: Manual de Treinamento e Desenvolvimento: Um guia de operações. Manual Oficial da ABTD. São Paulo: Makron Books, 2001.

FNPQ – Fundação Nacional para o Prêmio Nacional da Qualidade – Glossário. São Paulo: FNPQ, 2005.

GARCIA, J. F. P. *T&D: Mobilizando a organização para a qualidade*, in: Manual de treinamento e desenvolvimento ABTD. Coordenador Gustavo G. Boog. São Paulo: Makron Books, 1994.

GAYOTTO, M. L. C. e DOMINGUES, I. *Liderança – aprenda a mudar em grupo.* Rio de Janeiro: Vozes, 1998.

GRAMIGNA, M. R. M. *Jogos de empresa e técnicas vivenciais.* São Paulo: Makron Books, 1995.

GREEN, P. *Desenvolvendo competências consistentes: como vincular sistemas de recursos humanos e estratégias organizacionais.* Tradução Ana Paula Andrade – Bazan Tecnologia Lingüística. Rio de Janeiro: Qualitymark, 1999.

GRONLUND, N. E. *A formulação de objetivos comportamentais para a sala de aula.* Tradução Equipe do Projeto Objetivo da Divisão de Pesquisa do CEP. Rio de Janeiro: Editora Rio, 1975.

GUBMAN, E. *Talento: desenvolvendo pessoas e estratégias para obter resultados estraordinários.* Tradução de Ricardo Inojosa. Rio de Janeiro: Campus, 1999.

HAMBLIN, A. C. *Avaliação e controle de treinamento.* Tradução Gert Meyer. São Paulo: McGraw-Hill, 1978.

HAYES, B. E. *Medindo a satisfação dos clientes: Desenvolvimento e uso e questionários.* Rio de Janeiro: Qualitymark, 2001.

HRONEC, S. M. e ANDERSEN, A. *Sais vitais: usando medidas de desempenho da qualidade, tempo e custo para traçar a rota para o futuro de sua empresa.* Tradução Kátia Aparecida Roque. Revisão técnica Paulo Santi. São Paulo: Makron Books, 1994.

LILENBAUM, M. J. *Modelo PERT/CPM. Sistemática de sua aplicação à administração de projetos.* Rio de Janeiro: Clube de Engenharia, 1966.

LOMMERSE, M. e RADLOFF, A. *Applying quality improvement in a university department.* Proceedings of the 7th International Conference on Assessing Quality in Higher Education. Sidney, pp. 9-16.

LUNDELL, D. *A arte da guerra: para mulheres e homens de negócios e investidores.* Tradução Lenke Peres. São Paulo: Futura, 1997.

MACEDO-SOARES, T.; DIANA, V. A. e RATTON, C. A. *Medição de desempenho e estratégias orientadas para o cliente: resultados de uma pesquisa de empresas líderes no Brasil.* RAE – Revista de Administração de Empresas. Out./Dez. 1999, São Paulo, v. 39. n° 4, pp. 46-59.

MAGER, R. F. *Objetivos para o ensino efetivo.* Tradução Divisão de Ensino do Departamento Nacional do SENAI. Rio de Janeiro: SENAI, 1971.

MARSHALL JÚNIOR, I.; ACIERCO, G. A.; ROCHA, A. V. e MOTTA, E. B. *Gestão da qualidade.* 3ª edição revista e atualizada. Rio de Janeiro: Editora FGV, 2004.

MAXIMIANO, A. C. A. *Planejamento escolar.* São Paulo: Saraiva, 1971.

_____. *Administracao de projetos.* São Paulo: Atlas, 1997.

MAXIMIANO, A. C. A. e SBRAGIA, R. *Método do caso no estudo da administração.* In: Manual de Treinamento e Desenvolvimento: Um guia de operações. Manual Oficial da ABTD. São Paulo: Makron Books, 2001.

McGEHEE, W. e THAYER, Pl. W. *Training: adiestramiento y formación profesional.* Madrid: Editorial River, 1963.

MEISTER, J. *Educação Corporativa.* São Paulo: Makron Books, 1999.

MENEGOLLA, M. e SANT'ANNA. *Por que planejar? Como planejar? Currículo – Área – Aula.* Petrópolis: Vozes, 1999.

MILKOVICH, G. T. e BOUDREAU, J. W. *Administração de recursos humanos.* Tradução Reynaldo C. Marcondes. São Paulo: Atlas, 2000.

MUNDIM, A. P. F. e RICARDO, E. J. *Educação corporativa.* Rio de Janeiro: Qualitymark, 2004.

OLIVARES, I. C. *Utilização de jogos em T&D.* In: Manual de Treinamento e Desenvolvimento: Um guia de operações. Manual Oficial da ABTD. São Paulo: Makron Books, 2001.

OLIVEIRA, H. C. de. *O jogo da malha: recursos humanos e conectividade.* Rio de Janeiro: Qualitymark, 2003.

PALMEIRA, C. G. *ROI e treinamento: dicas de como mensurar o resultado financeiro das suas ações de treinamento.* Rio de Janeiro: Qualitimark, 2004.

PAULA PINTO, O. de. *Técnicas de aprendizagem em ação.* In: Manual de Treinamento e Desenvolvimento. 3ª ed. atualizada e ampliada. São Paulo: Makron Books, 1999.

PNQ – 2005. *Critérios de excelência: O estado da arte na gestão para a excelência do desempenho.* São Paulo: FPNQ, 2003.

REGO JR., L. C. M. *E-Learning.* In: Manual de Treinamento e Desenvolvimento: Um guia de operações. Manual Oficial da ABTD. São Paulo: Makron Books, 2001.

REVILLON, A. S. P. *Satisfação do consumidor com o setor supermercadista: o caso de Porto Alegre.* In: Ângelo, Cláudio Felisoni de, Silveira, José Augusto Giesbrecht da (Orgs,) *Varejo competitivo.* Volume 4. São Paulo: Atlas, 2000.

SILVA, M. C. M. E. *Competência e resultados em planejamento estratégico de recursos humanos: um fator diferencial da empresa moderna.* Rio de Janeiro: Qualitymark, ABRH Nacional, 1999.

SINK, D. S.; TUTTLE, T. C. *Planejamento e medição para a performance.* Tradução Elenice Mazilli e Lúcia Faria Silva. Rio de Janeiro: Qualitymark, 1993.

SENAI/DN – DET. *Indicadores de desempenho para a educação profissional.* Rio de Janeiro, 1995.

_____. *Indicadores de desempenho para as áreas de assistência técnica e tecnológica. Informação tecnológica e processos de gestão de qualidade.* Rio de Janeiro, 1996, 48 p.

SENAI – Departamento Nacional, Diretoria Técnica, Divisão de Ensino e Treinamento. *Identificação de necessidades de desenvolvimento de recursos humanos.* Rio de Janeiro: SENAI, 1986.

STATON, T. F. *Princípios educacionais aplicados ao treinamento de pessoal.* Tradução: Belisário Marques de Andrade. Revisão técnica: Erothildes M. Barros da Rocha, Naief Sáfady, Wilma M. Alves Penteado. São Paulo: McGraw-Hill do Brasil, 1975.

STERN, N. e PAYMENT, M. *101 segredos para ser um profissional da área de treinamento bem sucedido.* Tradução Lenke Peres. São Paulo: Futura, 1998.

TAKASHINA, N. T. e FLORES, M. C. X. *Indicadores da qualidade e do desempenho – como estabelecer metas e medir resultados.* Rio de Janeiro: Qualitymark, 1996.

TEIXEIRA, A. *Universidades corporativas × educação corporativa.* Rio de Janeiro: Qualitymark, 2001.

THIRY-CHERQUES, H. R. *Modelagem de projetos.* São Paulo: Atlas, 2002.

TURRA, C. M. G.; ENTICONE, D.; SANT'ANNA, F. M. e ANDRÉ, L. C. *Planejamento do ensino e avaliação.* 11ª ed. Porto Alegre: Sagra, 1986.

URIS, A. *Formação de dirigentes.* São Paulo: Ibrasa, 1966.

WARDMAN, K. T. *Criando organizações que aprendem.* São Paulo: Futura, 1996.

Entre em sintonia com o mundo

QualityPhone:
0800-263311
Ligação gratuita

Qualitymark Editora
Rua Teixeira Júnior, 441 – São Cristóvão
20921-405 – Rio de Janeiro – RJ
Tel.: (21) 3094-8400
Fax: (21) 3094-8424

www.qualitymark.com.br
e-mail: quality@qualitymark.com.br

Dados Técnicos:

• Formato:	16×23cm
• Mancha:	12×19cm
• Fontes Títulos:	Humanst521 BT
• Fontes Texto:	HumstSlab712 BT
• Corpo:	11
• Entrelinha:	13,2
• Total de Páginas:	208

Este livro foi impresso nas oficinas gráficas da
Editora Vozes Ltda.,
Rua Frei Luís, 100 — Petrópolis, RJ,
com filmes e papel fornecidos pelo editor.